W0233051

falter 29

Florian Roder

DIE KUNST DER SEELE

Schritte auf dem Schulungsweg

Verlag Freies Geistesleben

1. Auflage 2003

Verlag Freies Geistesleben
Landhausstraße 82, 70190 Stuttgart
Internet: www.geistesleben.com

ISBN 3-7725-1429-4

© 2003 Verlag Freies Geistesleben
& Urachhaus GmbH, Stuttgart
Schutzumschlag: Thomas Neuerer unter Verwendung eines Bildes von
Giovanni Bellini: *Der Heilige Hieronymus in der Wüste* (Detail),
National Gallery, London
Druck: Offizin Chr. Scheufele, Stuttgart
Einband: Riethmüller, Gerlingen

Inhalt

Warum Schulung heute?

Wer mit offenem Auge auf die Verhältnisse der Gegenwart blickt, wird sich eingestehen, dass die alten, oft geübten Tritte nicht mehr tragen. Wo vor kurzem noch fester Boden zu sein schien, tut sich urplötzlich das Nichts auf. Man scheint im luftleeren Raum zu stehen, unfähig, mit der gestaltlosen Weite zurechtzukommen, ungerüstet für eine Wirklichkeit, die man mit gewöhnlichem Erkennen und Handeln nicht durchdringen kann.

Im eigenen Leben scheitert man an Aufgaben, die früher traumwandlerisch sicher bewältigt wurden. Ohnmachtszustände und depressive Verstimmungen treten auf. Der eigene Wille scheint zu Zeiten gelähmt, wie festgenagelt an einer unsichtbaren Wand. Angstwolken umschleichen die Seele, kreisen und engen sie immer stärker ein, bis sie anfallsartig von ihnen überschwemmt wird. Ohne ersichtlichen Grund steigen solche Anfälle auf. Jemand sitzt in einer U-Bahn, um zur Arbeit zu fahren, wie jeden Tag. Von Panik geschüttelt, muss er die Bahn verlassen, weil er auf einmal das Gefühl hat, sich vor Angst nicht halten zu können. Ein anderer macht gerne lange Schwimmausflüge auf einem See. Eines Tages ergreift ihn die Furcht, und er kann, dem Sog der Tiefe entgehend, sich gerade noch ans Ufer retten. Von da an ist an einen Ausflug nicht mehr zu denken. – Oder eine Frau bekommt nach einer Schwangerschaft eine Angstneurose, die ihr Leben tiefgreifend verändert. Sie kann fortan nicht mehr allein sein, fürchtet sich vor der Dunkelheit, vor dem Einschlafen und dem Ohnmächtigwerden. Als Einzelfälle gab es das alles es natürlich immer schon. Heute aber ist es tägliches, bitteres Seelenbrot bei unzähligen Menschen. Allein für Deutschland nimmt man eine Zahl an, die in die Millionen geht, mit steigender Tendenz. In den verschiedensten Formen und Graden treten bei den Betroffenen derartige Angstanfälle auf.[1]

Apokalypse der Gegenwart

Die Jahrtausendwenden hat man in der Menschheit immer als prekäre Zeiten empfunden. Um das Jahr 1000 n. Chr. machte sich die abendländische Menschheit auf den Untergang der Welt gefasst. Die

Tieferblickenden, wie etwa Kaiser Heinrich II., der kurz nach der Jahrtausendwende seine Herrschaft antrat, dachten nicht an ein physisches Ende der Erde. Ihnen war bewusst, dass es sich um ein verstärktes Aufbäumen geistiger Kräfte handelte, die dem Menschen Widerstand bieten. Dem suchten sie entgegenzuarbeiten durch ein um so stärkeres Aufrufen christlicher Impulse: «Die Erwartungshaltung spornte die Menschen an und setzte enorme Kräfte frei. In den Jahrzehnten um die Jahrtausendwende, so der Eindruck allenthalben, ist ein gewaltiger, weitwirkender Schub in der Verchristlichung der Welt erkennbar.» Ein Chronist des Mittelalters stellt diesen Vorgang eindrücklich ins Bild: «Es war, als hätte sich die ganze Welt geschüttelt, das Alter abgeworfen und sich allerorten ein hell glänzendes Kleid aus Kirchen angelegt.» Gestalten wie *Heinrich II.*, der Begründer des Bistums Bamberg oder Bischof *Bernward von Hildesheim,* der geniale Baukünstler, Metallgestalter und Berater des Kaisers, sind Repräsentanten solchen Bestrebens.[2]

Wir können heute nicht mehr durch große, autoritativ von oben herabwirkende Bewegungen eine Wende herbeiführen. Wer das erhofft, ähnelt dem, der in der damaligen Situation an einen äußeren Weltuntergang glaubte. Die Wende gehört allein dem

Einzelnen an, dem eigenen Inneren. Radikal unterscheiden sich Bewusstseins- und Zeitumstände von denjenigen um das Jahr 1000. Das Zeitalter der Autoriäten ist längst abgelaufen. Alles atmet den Geist der Freiheit – nicht in der Faktenwelt natürlich, doch den inneren Bedingungen nach.

Wir können aber den zurückliegenden Zeitpunkt auf seine mögliche Entsprechung zur Jetztzeit abklopfen. Derart mit dem geschichtlichen «Zauberstab der Analogie»[3] umgehend, werden wir auf eine ähnliche Signatur gewiesen. Sie kann uns, bei allem Unterschied, auf Verknotungen und Entwicklungsmöglichkeiten der Gegenwart hinweisen. Rudolf Steiner hat aus geistiger Sicht heraus bestätigt, dass das, was im Mittelalter über das Gesetz der tausend Jahre im Anschluss an die Apokalypse des Johannes empfunden wurde, einem okkulten Sachverhalt entspricht und in abgewandelter Form auch für die zweite Jahrtausendwende Bedeutung hat: «Verwirrung und Verwüstung wird herrschen, wenn das Jahr 2000 herannaht.»[4] Das ist nicht gesagt, um Panikmache zu betreiben, auch nicht, um es auf bloßen Glauben hin ungeprüft anzunehmen. Es ist, wie bei allem, was Rudolf Steiner von einer höheren Warte des Bewusstseins aus mitgeteilt hat, gesagt, um Menschen in freilassender Weise auf das Welt- und Seelendrama der

Gegenwart aufmerksam zu machen. Einer Gefahr, von der ich nicht weiß, bin ich ohnmächtig ausgeliefert. Einer Gefahr, von der ich weiß, kann ich gezielte Maßnahmen entgegensetzen. Ich kann an ihr sogar innerlich aufwachen und in meinen geistig-seelischen Kräften über mich selbst hinauswachsen – ähnlich jenen christlich strebenden Seelen, die um die erste Jahrtausendwende der abendländischen Kultur ein neues Gepräge gaben.

Trägt man das entfaltete Bild im Hintergrund, sind die Zeichen nicht schwer zu erkennen. Die Zunahme terroristischer Gewalt, aber auch solcher, die im Interesse des Nationalstaates erfolgt, gibt eine deutliche Sprache. Der Anschlag des 11. September 2001 auf das World Trade Center wirkt darin nur wie der lauteste, vernehmlichste Aufschrei. Zu solchen unmittelbar von Menschen verursachten Katastrophen treten solche im Naturzusammenhang. Allen Einsichtigen ist längst klar, dass der Mensch sich hier ebenso wenig aus der Rechnung nehmen kann. Wie in den übergreifenden Weltereignissen, so ist es auch in dem kleineren oder größeren Umkreis jedes Einzelnen. Die Zusammenarbeit in Betrieben oder anderen sozialen Gebilden läuft kaum noch von selber. Sie muss durch kostspielige, oft äußerlich bleibende Beratungen mühselig wieder in Gang gesetzt werden.

Immer schwerer fällt es den Menschen, einander freundschaftlich zu begegnen. Man trifft sich, unternimmt vielleicht manches zusammen, doch bleibt jeder letztlich wie ein Einsiedlerkrebs in seinem seelischen Korsett gefangen. Das Tor, durch das man den Anderen in seinem Eigenwert, in seinem tieferen Anliegen wahrnehmen könnte, will sich nicht auftun. Der Schlüssel scheint verloren gegangen.

Nun gilt es zunächst, den (in Umrissen skizzierten) Tatsachen wach und mit innerer Ruhe zu begegnen. Es macht wenig Sinn, in Katastrophenstimmung zu verfallen oder sich der Wirklichkeit durch Zerstreuungen zu entziehen. Die Zeitsituation ballt sich zusammen zu einer gewaltigen *Frage*; und die Voraussetzung, zu ihr durchzudringen, besteht in der vorbehaltlosen *Annahme* dessen, was in den Ereignissen zu uns spricht. Versuchen wir das zu fassen, mögen wir das Folgende vernehmen: «Die modernen Einrichtungen in Staat und Wirtschaft verlangen von euch die Heraussetzung intellektueller Kräfte; sie nötigen jedem eine starke Leistungsbereitschaft ab und möglichst reibungslose Anpassung an veränderte Arbeitssituationen. Jeder soll im großen Weltmechanismus funktionieren. Kann das aber auf Dauer genügen? Muss die Lernbereitschaft nicht in noch andere Richtungen zielen? Zeigen die Ereignisse euch nicht mit brutaler Wucht, dass die alten Vorstellungen und Befähigungen ausgewirtschaftet haben? Wird es vielleicht nötig sein, neue, bisher ungekannte Fähigkeiten aus der Seele hervorzutreiben – Blüten und Früchte im dunklen Raum des Inneren anzusetzen, von denen noch keiner etwas geahnt hat?»

Geahnt haben Einzelne immer von solchen Fähigkeiten, oder besser gesagt: gewusst haben sie davon, ja praktisch umgegangen sind sie mit ihnen. Die *Eingeweihten* nannte man sie mit Scheu und Ehrfurcht, in alten Zeiten. Ein Eingeweihter, der wie kein anderer bemüht war, für die Seelenlage der unmittelbaren Gegenwart und Zukunft zu sprechen, lässt sein grundlegendes Schulungsbuch mit den Worten beginnen: «Es schlummern in *jedem* Menschen Fähigkeiten, durch die er sich Erkenntnisse über höhere Welten erwerben kann.»[5] Es scheint, dass solche Erkenntnisse, die in früherer Zeit nur einem Kreis von Ausgewählten erschlossen waren, heute der Menschheit insgesamt zugänglich gemacht werden müssen. Nicht, um die Erde unter den Füßen zu verlieren, sondern um die *übersinnliche Grundlage* des irdischen Seins durchschauen zu lernen und entsprechend handeln zu können. Dazu ist nötig, die eigene Seelenverfassung in Frage zu stellen. Es ist nötig, sich in die geschilderten Ohnmachts- und Abgrundserfahrungen wirklich einzuleben. Und es ist nötig, die *Selbstentwicklung* der Seele in einem viel umfassenderen Sinn zu begreifen und anzugehen als bisher.

Wenn das geschieht, wird die Angst, sich zu verlieren, immer machtloser werden. Ich weiß, dass der neue, keimende Mensch in mir sich nicht bedroht fühlen muss. Denn ich beginne, real Abstand zu gewinnen von dem alten Menschen. Ich spüre, dass dessen Zerbröselung unerlässlich ist, um das Neue freizusetzen; dass ich etwas aktiv vorwegnehme, was sonst durch die Außenwelt auf weit schmerzlichere und befremdlichere Art genommen würde; dass in dem ruhigen Stehen und Ausharren vor dem eigenen Abgrund auf paradoxe Weise das Mittel der Verwandlung selber anwesend ist. Mit einem Mal fliegt mich eine freudige Gewissheit menschlicher Möglichkeiten an. Begeisterung über die unendliche Entfaltungsmöglichkeit des Menschen überkommt mich. Und sobald ich auch nur kleine Schritte auf einem solchen Weg ernsthaft vollzogen habe, werde ich bemerken, wie mich diese nicht abführen von den anderen Menschen. Sie machen mich elastischer und weltfähiger als ich zuvor war.

Künstlerische Selbstbearbeitung

Wir können den Vorgang sachgemäß auch als künstlerischen Prozess beschreiben. Wie in der Kunst ein freies und zugleich an innere Gesetze gebundenes Schaffen mit dem sinnlichen Material vorliegt, so auch hier. Nur ist das Material unsichtbar – es ist der nichtsinnliche Stoff der Seele als Ganzes, der in seinen unwägbaren Stimmungen, Strebungen, Vorstellungsbildungen ergriffen werden muss. Dieses Ergreifen kann allein vom *Ich* ausgehen, von der innersten Instanz jedes Menschen. Daher ist es verständlich, wenn Novalis, der selber vieles in der bezeichneten Richtung vorgeprägt hat, von dem Ich als einem *Kunstwerk* spricht.[6]

So begeisternd dieser Weg auf der einen Seite ist, so unbequem ist er zugleich, so wenig entgegenkommend heutigen Erwartungen an eine rasche «Erleuchtung». Auch darin gilt die Entsprechung zu dem echten künstlerischen Prozess. Wer leichte und angenehme Straßen erwartet, wird kaum befriedigt sein. Wer eine gründliche, tiefreichende und langwirkende Verwandlung anstrebt, wird sich bei dem hier geschilderten Weg angesprochen fühlen. Die gediegenste und differenzierteste Beschreibung dieses Weges für den modernen Sucher stammt nach

meiner Einschätzung von *Rudolf Steiner* (1861-1925).
Für eine zunehmende Zahl von Menschen wird es
jedoch immer schwieriger, in Steiners vor bald hun-
dert Jahren verfassten Schriften einzudringen und sie
lebensgemäß für den eigenen Weg aufzuschließen.
Von systematischen Zusammenfassungen abgesehen,
ist es den nachfolgenden Generationen zu wenig ge-
lungen, *individuell* gefärbte Schilderungen aus dem
weiten Feld des geisteswissenschaftlichen Schulungsweges zu liefern.[7] Es ist heute unerlässlich, die eigene
Erfahrung mitschwingen zu lassen – in der Wahl der
Motive, in der sprachlichen Durchdringung, in dem,
was unmerklich, aber wirkmächtig sich mitteilt, indem *diese* Persönlichkeit und keine andere einen bestimmten Inhalt zur Darstellung bringt. Das scheint
für manche die Gefahr zu bergen, dass man von
Rudolf Steiner abzusehen beginnt und seiner über-
ragenden Bedeutung nicht mehr gerecht wird. Ich bin
aber überzeugt, dass es, mit der richtigen Gesinnung
und Selbsteinschätzung durchgeführt, gerade ein
Handeln im Geiste des großen Lehrers eröffnet.

In diesem Sinne soll das Vorliegende ein anfäng-
licher Versuch sein zu Grundgesten des inneren
Weges. Einleitung und Zwischenbetrachtungen mit
ihren mehr geistesgeschichtlichen Aspekten bilden
eine Vertiefung in dem angelegten Bild. Sie sollen

dem Leser ermöglichen, sich in den Zeithorizont der Gegenwart gleichsam einzumessen, ein Gespür für die Unerlässlichkeit des Weges zu gewinnen. Wenn es gelingt, ein paar Anregungen auszustreuen zur Eigenbewegung in jenem dunklen, unerforschten Raum, mag der Versuch nicht umsonst gewesen sein.

Die drei Schritte und die Kultur der Gegenwart

Versucht man, die drei Tugenden, welche uns beschäftigen sollen, zu den Zeitumständen in Beziehung zu setzen, kann man weitreichende Beobachtungen anstellen. Werden diese Tugenden durch die äußere Kultur gefördert oder eher verhindert?

Eindeutig ist es bei der *inneren Ruhe*. Statt Ruhe tritt uns Rastlosigkeit und Hetze aus den Verhältnissen entgegen. Es wird verlangt, leistungsstark und mobil zu sein, ständig bereit, auf die einstürmenden Anforderungen möglichst rasch zu reagieren.

Mit der *Ehrfurcht* scheint es ähnlich zu stehen. Kritisches Bewusstsein wird an den Schulen und Universitäten zu hohen Graden ausgebildet. Kritisches Bewusstsein wird jedem von uns durch Zeitungen und Fernsehen täglich ins Haus geliefert. Dagegen ist kaum etwas einzuwenden. Aber mit Ehrfurcht oder Demut, wie sie in früheren Zeiten blühten und z.B. noch dem mittelalterlichen Menschen vorschwebten, hat das nichts zu tun. Von wenigen Enklaven abgesehen, wo etwa alte Seelenstimmungen in der Pädagogik nachschwingen oder, wie in den Waldorfschulen, ein neuer Versuch auf Zukunft gewagt wird, kommt «Ehrfurcht» als kulturtragende Erscheinung im öffentlichen Leben nicht vor.

Schließlich die *Unbefangenheit*. Hier könnte man meinen, sie sei fest verankert in der öffentlichen Landschaft. Jeder dürfe sich frei ein Urteil bilden und seine Meinung äußern – in voller Vorurteilslosigkeit. Sehen wir genauer zu, fällt ins Auge, dass sich die Sache hier nur stärker kaschiert. Man beachte einmal, wie Urteilsformen aus dem naturwissenschaftlichen Denken die öffentliche Meinung beherrschen. Und wie dadurch gleichzeitig Gedanken, die andere Grundlagen haben, tabuisiert werden. Denn die materialistischen Deutungen der Naturwissenschaft sind nichts weniger als voraussetzungslos. Es sind dogmatische Inhalte wie die Lehren der katholischen Kirche, übersetzt nur in ein weltlich-atheistisches Zeitalter. Vom «Dogma der Erfahrung» hat daher Rudolf Steiner in frühen philosophischen Ausführungen gesprochen. So entstammt die Leugnung des dreigegliederten Menschen nach Leib, Seele und Geist und seine Reduzierung auf eine körperlich-seelische oder, in letzter Konsequenz, rein physische Wirklichkeit nicht einem unbefangenen Weltzugang, sondern kirchlich-dogmatischer Überlieferung: «Diesen materialistischen Geist gezüchtet haben eigentlich die religiösen Bekenntnisse. Und dass er heute auch in der sozialen Weltanschauung pulsiert, ist nur aus dem Grunde der Fall, weil die soziale Weltanschauung ein getreuer Schüler ist alles desjenigen, was im Grunde genommen von den religiösen Bekenntnissen in den Jahrhunderten gekommen ist.»[8] Es bleibt demnach auch von der dritten Möglichkeit bei genauerem Prüfen wenig übrig.

Wir müssen uns bewusst halten: Versuche ich, Schritte auf dem Schulungsweg zu gehen, baue ich an einer rein inneren Welt. Zwischen dieser Welt und der äußeren Zivilisation tut sich notwendig ein Abgrund auf. Das innerlich Erbaute gibt mir aber auch Kraftmittel an die Hand, ein reales Gegengewicht zu dem Abführenden, seelisch Zerreibenden der Außenwelt zu erbilden. Und es lässt mich ahnen, dass in ihm, keimhaft und unsichtbar noch, doch nicht weniger wirklichkeitsträchtig, ein künftiges Dasein schlummert.

Eine zeichenhafte Biographie – Rudolf Diesel

Der Abgrund zwischen äußerem und innerem Leben war nicht immer so ausschließlich wie heute. Noch in der Zeit Goethes und des Deutschen Idealismus lagen die Verhältnisse anders. Natürlich gab es auch da schon Kampf und Spannung zwischen den Polen. Doch muss man nur einzelne Lebensläufe verfolgen, um zu sehen, dass viel leichter als gegenwärtig eine Wechselwirkung zwischen den Gebieten eingegangen werden konnte.

Goethe war Dichter und Minister. Er konnte in den kleinstaatlichen Verhältnissen von Sachsen-Weimar seinen Einfluss z.B. im Bildungswesen geltend machen. Novalis hätte, wäre er länger am Leben geblieben, mit guter Wahrscheinlichkeit ebenfalls Minister in einem anderen Sachsen werden können, dem Königreich Sachsen, so wie es sein enger Jugendfreund, Hans-Georg von Carlowitz, tatsächlich geworden ist.[9] Wilhelm von Humboldt konnte zu Beginn des 19. Jahrhunderts seine aus idealistischer Anschauung heraus gewonnenen Entwicklungsideen einfließen lassen in die preußische Erziehungs- und Bildungsreform, insbesondere in die Neubegründung der Berliner Universität.[10]

Die Möglichkeit einer Überbrückung und fruchtbaren Beeinflussung der beiden Gebiete nahm im Laufe der zweiten Hälfte des 19. Jahrhunderts Schritt um Schritt ab. Der Siegeszug der materialistischen Wissenschaft und ihr bestimmender Einfluss auf praktisch alle Lebensfelder unterband jene Möglichkeit zusehends. Damit einher ging eine Entwicklung, die zu ungeahnter *Beschleunigung* aller Lebensbedingungen führte. Auch für die Innenseite blieb das nicht ohne Folgen. Seelische Randlagen und Erkrankungen traten auf in hoher Zahl, Angstformen und Erschöpfungszustände, Stimmungslabilitäten und übermäßige Reizbarkeit, die man unter dem Oberbegriff «Nervosität» zusammenfasste. Ein tiefer lotender Historiker der Gegenwart, Joachim Radkau, hat in diesem Sinne eine Studie über das «Zeitalter der Nervosität» verfasst, eben um die Epoche zwischen Bismarck und Hitler auf ihren seelischen Untergrund hin zu charakterisieren.[11]

Ein hervorragender Vertreter des neuen Zeitalters war *Rudolf Diesel* (1858 – 1913). Den genialen Ingenieur trieb die Idee um, einen neuartigen Motor zu bauen. Das Prinzip des Motors bestand darin, mit sehr hohen Drücken zu arbeiten, bis zur 25fachen Verdichtung der Atmosphäre. In die von einem Kolben zusammengepresste Luft wurde zerstäubtes Schweröl eingespritzt, das sich durch die entstehende

Hitze explosiv entzündete und so zum Bewegungs-antrieb werden konnte. 1893 gelang es dem Ingenieur, eine erste funktionstüchtige Maschine zu konstruie-ren. Der Diesel-Motor, in Industrie und Verkehr bis heute erfolgreich eingesetzt, war erfunden.

Aufschlussreich wird die Sache nun, wenn man zugleich das Innenleben des Erfinders in Betracht zieht. Auch hier taucht dieselbe Geste auf – aber jetzt als seelisches Druckerlebnis. Diesel neigte zu Erregungszuständen und starken Kopfschmerzen. 1898 hatte der Vierzigjährige einen Nervenzusam-menbruch. Sein Sohn Eugen, der eine ausgezeichnete, hellsichtige Biographie über den Vater verfasst hat, weist deutlich auf die Entsprechung von äußerer und innerer Wirklichkeit hin. Der Vater habe, getrieben durch den «ingrimmigen Vorsatz der energetischen Übersteigerung alles Bisherigen», das Prinzip der Selbstentzündung und Leistungssteigerung durch höheren Druck bis ins Extrem getrieben: bei seinem Motor und bei sich selbst. Er gehöre zu den «Hoch-druckmenschen», die nicht an Depression, sondern an «Suprapression» litten.[12]

Rudolf Steiner – ein therapeutischer Gegenentwurf

Das Hochdruckdasein ist in unserer Zeit nicht vorüber. Im Gegenteil, es hat sich, wie jeder wachere Zeitgenosse spürt, Ende des 20. und am Beginn des 21. Jahrhunderts noch einmal gesteigert. Man muss nur grelle Schlaglichter wie den Leistungssport, die Globalisierung – die weltweite, rücksichtslose Ausbreitung des kapitalistischen Druck- und Effizienzsytems – oder, auf der seelischen Ebene, die ungeheure Zunahme psychischer Erkrankungen, kurz im Bewusstsein aufleuchten lassen, um diese Tatsache zu sehen. Der Hochdruckmensch, der sich als «workaholic» willig ins Räderwerk der wirtschaftlichen und staatlichen Maschinerie einspannen lässt, ist mehr denn je gefragt und wird von Schule und Universität mit allen Mitteln gefördert.

Rudolf Steiner wollte mit seinem Ansatz einen Gegenentwurf vor die Menschheit hinstellen, den jeder nach seiner Freiheit ergreifen kann. Was er in lebenslangem Ringen als Wissenschaft vom Geist entwickelt hat, enthält therapeutische Vorschläge im buchstäblichen Sinne, Heilungsmittel für eine menschenzerstörende Situation. Es wäre reizvoll, seinen Lebenslauf einmal mit dem des drei Jahre älteren Rudolf Diesel zu vergleichen. An einer Stelle jedenfalls scheinen sich die gegenpoligen Intentionen zeitlich-bildhaft zu berühren. Auch Steiner «erfand» etwas umstürzend Neues. Oder besser, er machte einen geistigen Fund, der für seine gesamte spätere Tätigkeit das innere Fundament lieferte. Auch er wollte jene Genauigkeit im Vorgehen, der sich ein Diesel verpflichtet fühlte, ausüben, nur auf dem geistig-seelischen Feld: «Seelische Beobachtungsresultate nach naturwissenschaftlicher Methode.» Der Fund, der ihm gelang, ist die Idee des sich zur *Freiheit* emporringenden Menschen. Den Ausgangspunkt gewinnt er in einem gestaltenden Denken, das sich aus innerer Aktivität selber anschaulich wird. Solch *intuitives Denken* ist aber das exakte Gegenmittel zu dem Zwingend-Drückenden des naturwissenschaftlich-technischen Vorstellens. Wo man sich hier eingeengt und am Gängelband der Naturgesetze von außen geleitet fühlt, ergreift man dort aus individueller Anstrengung heraus jenen geheimnisvollen Punkt, wo man allererst das eigene Freiheitswesen verspürt: «Ich fühle keinen Zwang, nicht den Zwang der Natur, die mich bei meinen Trieben leitet, nicht den Zwang der sittlichen Gebote, sondern ich will einfach ausführen, was in mir liegt.»[13]

Es ist kein Zufall, dass die beiden Erfindungen

nahezu gleichzeitig auftreten. 1893 meldet, wie geschildert, Rudolf Diesel seinen Motor als Patent an. Im selben Jahr vollendet Rudolf Steiner sein philosophisches Hauptwerk und lässt *Die Philosophie der Freiheit* im November als Buch erscheinen. Es ist auch kein Zufall, dass ein neunzehn Jahre später gehaltener Vortrag, der grundlegende Übungsanregungen zum Ergreifen des Freiheitspunktes gegenüber den Zwängen der Leiblichkeit enthält, den Titel trägt: «Nervosität und Ichheit.»[14] Steiner wollte für dieses gefährliche und chancenreiche Zeitalter Heilmittel an die Hand geben – Heilmittel, die allerdings nur fruchten, wenn man sie aus eigenem Antrieb auf sich selber anwendet.

Unbefangenheit – das Eingangstor

«Die Vorurteile der Menschen beruhen
auf dem jedesmaligen Charakter des
Menschen, daher sind sie, mit dem
Zustand innig vereinigt, ganz
unüberwindlich; weder Evidenz noch
Verstand noch Vernunft haben den
mindesten Einfluss darauf.»[15]

Johann Wolfgang Goethe

Unbefangenheit ist die bedeutungsvolle Eigenschaft, die erforderlich scheint, um der Geisteswissenschaft überhaupt nahezutreten. Man kann sie dem Eingangstor zum Tempelbezirk vergleichen. Wer sie in ausreichendem Maße aufbringt, ist würdig einzutreten; wer seelisch nicht dazu in der Lage ist, muss außen verbleiben. Der Unbefangenheit bedarf es, um die Tatsache einer Geistwelt und der möglichen Verbindung zu ihr grundlegend anzuerkennen. Oder menschenkundlich radikal ausgedrückt: um sich ansatzweise aus der denkbar größten, existenziellen Befangenheit zu lösen, in der wir alle leben – der Verquickung unseres geistig-seelischen Wesens mit der Leiblichkeit und insbesondere mit dem physischen Gehirn.

Wir wundern uns von daher nicht, dass in Steiners Schriften und Vorträgen keine Formulierung so häufig auftaucht wie die von der «unbefangenen Urteilskraft». So auch an einer klassischen Stelle in dem Schulungsbuch *Wie erlangt man Erkenntnisse der höheren Welten?:* «Ein großer Teil derselben (der Mitteilungen der Geisteswissenschaft, F.R.) ist ohne weiteres dadurch zu prüfen, dass man die gesunde Urteilskraft in wirklich unbefangener Weise auf sie anwendet. Man wird sich nur nicht in dieser Unbefangenheit stören lassen dürfen durch alle möglichen Vorurteile, die einmal im Menschenleben so zahlreich vorhanden sind.»[16]

Warum verfügen so wenige Menschen über eine gesunde Urteilskraft? Und worin ist sie genau beschlossen? Das wird deutlich, wenn man das naturwissenschaftliche Denken mit demjenigen vergleicht, das durch die Geisteswissenschaft gefordert ist. Wir sahen: Die erste Denkart leitet, bei aller intelligenten Wendigkeit und Differenziertheit, an zu passivem Vorstellen, das sich Gesetze durch Beweis und Experiment von außen aufnötigen lässt. Die zweite Erkenntnisart regt an zu aktiver Denkhaltung. Restlos quillt sie aus «eigener Tätigkeit», wie Novalis einmal anmerkt, der sich mit diesem wesentlichen Gegensatz schon beschäftigt und sehr früh seine weltgeschichtliche Reichweite erkannt hat; während der ersten Art nichts anderes als die «Trägheit unseres Geistes» zu Grunde liege.[17] Rudolf Steiner charakterisiert denselben Gegensatz folgendermaßen: «Wichtiger fast als jede andere – allerdings nicht für die unmittelbare Gegenwart, sondern für die Zukunft – ist die Einteilung in aktive und passive Denker. Diejenigen, die etwas von selbständigem, innerlich freiem Denken in sich erkraften, die aktiv denken können, werden schon durch den Trieb dieses Denkens herzu gedrängt zu der geisteswissenschaftlichen Forschung. Diejenigen, die nicht tätig denken wollen, sondern nur in Abhängigkeit vom Gehirn, werden sagen, die anthroposophische Forschung ist Phantasterei, weil sie keinen Begriff haben von dem, was in einem freien Denken erfasst werden kann, weil sie hingegeben sein wollen an das Instrument des Gehirns.»[18]

Psychologisch betrachtet, kann man im Fall des naturwissenschaftlichen Vorgehens von Denkzwang sprechen, ungeachtet der Selbsteinschätzung des Forschenden. Nur in besonderen Fällen, wie der zwangshypnotischen Seelenverfassung eines Rudolf Diesel, tritt dieser Befund aus dem Untergrund gleichsam an die Meeresoberfläche. Im Fall des geisteswissenschaftlichen Ansatzes darf man von dem *Denkwillen* sprechen, der, aus innerem Freiheitsquell entspringend, sich die eigene Richtung vorgibt. Wir sind daher nicht überrascht, bei Rudolf Steiner eine Bestimmung der Unbefangenheit zu finden, die genau diesen Zusammenhang herstellt: «Das Denken in Verbindung mit dem Willen erfährt eine gewisse Reifung, wenn man versucht, sich niemals durch etwas, was man erlebt oder erfahren hat, die unbefangene Empfänglichkeit für neue Erlebnisse rauben zu lassen.»[19]

Seelenbild

Als das unverzichtbare Eingangstor zum Tempelbereich haben wir die Unbefangenheit erkannt. Doch darf sie auch innerhalb des Tempels ihre Strahlkraft nicht verlieren. Ja, wir finden sie dort an bevorzugtem Ort aufs Neue, betraut mit einer konkreten Aufgabe. Sie gehört dem Organismus der sechs sogenannten Nebenübungen an: Gedankenkontrolle, Initiative des Willens, Gleichmut; Positivität, Unbefangenheit und, als Beschließendes, die harmonische Wechselbeziehung der fünf Glieder. Diese Sechsheit baut an einem für die heutige Entwicklung im Mittelpunkt stehenden Organs des höheren Menschen: an der Herz-Lotosblume. Von den sechs Blütenblättern dieses zwölfgliedrigen okkulten Gebildes – die eine Hälfte wurde in der Vergangenheit bereits ausgestaltet – ist es eben das fünfte Blütenblatt, das durch die tätige Unvoreingenommenheit erweckt wird.[20]

Versuchen wir aber, diese merkwürdige Tugend ihrer eigenen seelischen Formung nach genauer noch zu erfassen. Sie ist offenbar charakterisiert durch innere Reinheit, durch ein beweglich-kristallines Aufmachen der Seelentore. Sorgfältig achtet sie darauf, dass sich in das reine Empfangen nichts Trübendes, Vorgewusstes, im Urteil schon Verfestigtes einmischt. Übt man einen solchen Zustand probeweise, wird man eine eminente Weitung feststellen, als ginge ein neuer, bislang unerforschter Raum auf. Alles ist frisch in diesem Raum, jedes Ding stellt sich mit gleicher Gültigkeit vor das seelische Auge, ja es scheint überhaupt erst in seiner Gegenwärtigkeit anwesend zu sein. Es ist einem sich weitenden, bildhaften Blicken vergleichbar. Das Auge kann nämlich auf zweierlei Art gebraucht werden: Entweder ich fixiere den Gegenstand im Überkreuzen der Sehachsen, mit der notwendigen Konsequenz, ihn vorstellungs- und urteilsmäßig abzutöten. Ich bin «fertig» mit dem Gegenstand, wenn ich ihn, nach genauer Begutachtung, als «pfirsichblättrige Glockenblume» (*Campanula persicifolia*) definiert habe. Oder ich löse, die gewonnene Genauigkeit mitnehmend, das Festgestellte auf und erlebe im aktiv geweiteten Blicken den Zusammenhang des Ganzen – einer Landschaft, eines Bildes, einer Blume.

Eine kleine Übung kann sein, sich etwa vor die genannte Glockenblume zu stellen und ein paar Minuten in voller Unbefangenheit mit jenem durchlässigen Blick auf sie zu schauen. Das Überraschende ist, dass man den Eindruck bekommt, die Blume beginne gerade erst ihr eigentliches Dasein – das gerade Gegenteil zu dem Abschlusserlebnis im gewöhnlichen Fixieren. Und noch etwas anderes stellt sich ein. Man bekommt das Gefühl der Begegnung. Statt eine abstrakte, zuendegekommene Sache gegenüber zu haben, glaubt man plötzlich, vor einem Eigenwesen zu stehen, mit dem man ins Gespräch treten könnte.

Steigern lässt sich die Übung, wenn sie anderen Menschen gegenüber durchgeführt wird. Hier kommt, anders als bei der unschuldigen Natur, das Feld der moralischen Werte und Urteile belastend hinzu. Versuchen Sie einmal, zwei Menschen vor das innere Auge zu rücken – einen, den Sie «gut», «sympathisch» und «angenehm» finden und einen anderen, der Ihnen «unsympathisch» und «unangenehm» ist, der Ihnen vielleicht sogar etwas «Böses» angetan hat.

Sie werden beobachten, dass es unglaublich schwer fällt, den «Unangenehmen» auch nur für kurze Zeit in volle Unbefangenheit zu tauchen, dass ständig alter Groll und alte Urteile die Reinheit des Bildes zu stören suchen. Aber auch, dass, wenn die Übung ansatzweise gelingt, z.B. bei einer nächsten Begegnung sich etwas getan hat, unbestimmt vielleicht, aber deutlich wahrnehmbar. Wie durch unsichtbare Fäden spielt die veränderte Haltung zu dem anderen herüber und ermöglicht ihm vielleicht auf einmal Schritte, die wir nie von ihm erwartet hätten. Umgekehrt kann es sein, dass bei dem «Angenehmen» im Blick unvoreingenommener Genauigkeit plötzlich Dinge weniger angenehmer Natur auftauchen, die man verstandes- und gefühlsmäßig in den Untergrund der Seele abgedrängt hatte und die doch für jede mit den Tatsachen rechnende Menschenkenntnis von Belang sind.

Es gibt Zeitgenossen des öffentlichen Lebens, die auf ihre Art geistig unterwegs sind und die ähnliche Blickweisen aus eigener Erfahrung kennen. Der am meisten Hervorstechende in dieser Hinsicht dürfte wohl Peter Handke sein, auf dessen Werk wir später noch zurückkommen wollen. Der feine Welt- und Seelenbeobachter spricht einmal von dem Gegensatz zwischen «Registrieren» und unfixiert «Umherschauen»: «Paradox: ‹Nicht beobachten, nicht fixieren, nicht genau hinschauen› als eine Grundregel (…) für mein Aufschreiben. Ich kann – ja, kann – nur ‹friedlich umherschauen›.»²¹ Solch friedliches Umherschauen macht erst Weltverbindung möglich. Das Wahrnehmen löst sich mehr und mehr ab vom friedlosen Pfeil des eigenbezogenen Bewusstseins. Es wird mit interessierter Wärme untertauchen in fremde Anschauung und fremdes Denken, ohne gleich die persönliche Ansicht vordrängen zu müssen.

*

In der alten, persisch-orientalischen Einweihung gab es den Grad des *Raben*. Der Rabe taucht als Gedankenbote in vielen mythologischen Bildern auf. Man denke nur an die Raben des Kaisers Barbarossa, der sie, im Berge gefangen, aussendet, um zu erkunden, ob die Zeit seines Wiedererscheinens gekommen sei. «Raben» waren die Boten der Mysterienstätten. Sie zogen in die Welt, um mit unbefangener Zuwendung in die Bewusstseinsverfassung der Menschen einzudringen und dann das Erlebte den höheren Priesterweisen als Grundlage ihrer sozialen Maßnahmen zurückzutragen. Unvoreingenommenheit, Vorurteilslosigkeit war die ihnen auferlegte, intensiv zu übende Tugend. Unbefangenheit ist die vornehmste Tugend der entsprechenden Stufe des modernen Schulungsweges,

33

dem freien, denktätigen Studieren der Geisteswissenschaft: «‹Rabe› bedeutet in der Sprache der Eingeweihten einen, der sich ganz selbstlos bemüht, nicht zu urteilen. Es ist damit nicht gemeint, dass er sein eigenes Urteil stumpf mache, sondern nur, dass er sich enthalte, zu urteilen. Unter ‹Rabe› versteht man einen, der sich nicht sagt, es ist das Wichtigste, was du über Menschen und Dinge denkst, sondern der sich sagt, du musst auskundschaften, was die anderen darüber denken, du musst untertauchen in die Seele der anderen und ergründen, was in jenen lebt.– Ist man imstande, das zu tun, so ist man auf der ersten Stufe angelangt. Es ist dies wiederum kinderleicht für den, welcher nicht in Vorurteilen lebt, aber schwer für den, der in der modernen Kultur lebt, und da sich enthalten soll, Kritik zu üben. (…) Die Menschen sind so geneigt, zu sagen: der hat das getan, das hätte er nicht tun sollen. – Worauf es aber ankommt, das ist, nicht zu werten, warum ein Mensch dieses oder jenes getan hat. Also derjenige, der das innere Leben ergreifen will, muss das Leben des ‹Raben› durchgemacht haben. Er muss in jeder Seele vorurteilslos die Motive aufgesucht haben. Von einem solchen sagt man: ‹Er sendet die Raben aus›.»[22]

Abweichungen

So leicht es klingt, diese Übung durchzuführen,
so schwer ist es, sie in verschiedenen Lebenslagen
praktisch werden zu lassen. Am schwersten fällt es,
wie beschrieben, dem anderen Menschen gegenüber,
insbesondere da, wo sich ein negatives Urteil durch
wiederholte Erfahrungen bestätigt und tief in die
Seele eingeritzt hat. Bringen wir es jedoch tatsächlich
über uns, das Verurteilen einzustellen, schafft das
einen unvergleichlichen Freiheitsraum. Unbedingt
erforderlich bei diesem Vorgehen scheint, dass ich
mit rückhaltloser Offenheit mir selber gegenüberzustehen lerne. Sonst täusche ich mich allzu rasch
über psychische Untiefen hinweg. Zugleich ist es
fruchtbar, die Tugend in ihrer dynamischen Mittel-
lage ständig im Auge zu haben, um sich durch innere
Gleichgewichtsbildung ins Verhältnis zu möglichen
Abirrungen zu setzen. Nach der einen Seite kann so
etwas entstehen wie haltlose Offenheit. Es gibt Menschen, die für Esoterisches derart aufgeschlossen sind,
dass sie jeweils die Lehre annehmen, die ihnen gerade über den Weg gelaufen ist. Sie sind «überoffen».
Der Anthroposophie gegenüber verhalten sich diese
Menschen so, dass sie ungeprüft alle Vorstellungen
übernehmen, die ihnen begegnen. Wenn das auch sel-

ten in solch karikaturhafter Überzeichnung auftritt, wird man doch einzelne Züge bei sich entdecken, wo die auflösend-aufweichende Tendenz überhand zu nehmen droht.

Oder man bemerkt, dass man mehr Neigung zur Gegenseite besitzt – zur verhärtend-erstarrenden Tendenz. Im vorliegenden Fall heißt das: Befangenheit, dogmatische Verengung und Zusammenziehung. Man wird «unteroffen». Man neigt dazu, die Geisteswissenschaft als ideologisches Lehrsystem zu betrachten. Man kristallisiert exakte Vorstellungen aus, die so und nicht anders gedacht werden müssen oder zu erfüllen sind und bekämpft diejenigen als Abweichler und Ketzer, die nicht den richtigen Zugang zur allein seligmachenden Lehre besitzen. Ähnliches gilt natürlich für jede Vereinigung von Menschen, die sich einem geistig-kulturellen oder religiösen Ziel verschrieben haben.

Im Sinne unseres Gegenstandes können wir auch sagen: Die Übung der Unbefangenheit wird in solchen Fällen zu wenig ernst genommen. Zu wenig wird jene mystische Mitte hervorgebracht, in der erst wahre Freiheitsluft herrscht; jene fein abgestimmte, labile Seelenlage zu wenig gepflegt, in der die Offenheit ichhaft verdichtet, in der die Verfestigung durch Wärme aufgelöst erscheint. Jene Lage, welche man am besten als *elastischen Seelenzustand* beschreibt, wo die Welt unverformt ihre Eindrücke machen kann und das Ich beweglich auf das Heranströmende antwortet.

Vom Wahrbild des Tempels

Es gibt Urbilder, die die Entwicklung der Menschheit begleiten. Zu ihnen gehört das Bild des *Tempels*. Überall, wo Menschen beginnen, kulturell schöpferisch zu werden, tauchen aus dem Dunkel der Geschichte tempelartige Gebilde auf. Durch die Forschungen der modernen Archäologie sind sie während der letzten zweihundert Jahre in ihrer Formensprache auf breiter Front erschlossen worden. Man denke an die Bauten der frühen Hochkulturen: den mesopotamischen Tempel von Uruk, die (bis heute sichtbaren) Pyramiden der ägyptischen Kultur; an die zeitlich näherliegenden, harmonischen Formen des griechischen Tempels bis hin zu den mittelalterlichen Bauten der romanischen und gotischen Kathedralen. Aber auch an die geheimnisvoll beeindruckenden Zeugnisse der Megalithkultur in Alteuropa, an Stonehenge und Avebury in England oder Newgrange in Irland.

Schließlich an den im Alten Testament geschilderten Tempelbau Salomons und Hirams, um den sich, den äußeren Funden nach bis heute ungreifbar, zahllose mythische Geschehnisse ranken.

All diese Bauten wurden von den Menschen als Stätten empfunden, wo das Allerheiligste gepflegt wurde, wo der innerste Gehalt einer Kultur zusammengefasst erschien. Es waren die Wohnorte der Götter selber. Eine eingeweihte Priesterschaft hatte in kultischen Zeremonien die Verbindung mit dem Gott zu pflegen, dessen Ratschluss zu erforschen und diesen an die Bevölkerung in sozialen Maßnahmen weiterzugeben. Unter strengsten Bedingungen wurde eine Schülerschaft herangezogen, um für die gerechte Fortführung des Mysterienkultes zu sorgen.

Doch die göttlichen Wesen wurden nicht abstrakt vorgestellt, sondern anschaulich mit dem Umraum verbunden erfahren. Mit einem Bewusstsein, das wir uns ganz anders verfasst denken müssen als unser jetziges, einem Bewusstsein, das traumhaft-hellsichtig in die Welt eintauchte, empfand man die Götter lebendig aus dem Sternenkosmos sprechend, aus den Verhältnissen und tätigen Bewegungen der Planeten sich mitteilend, in dem Gang von Sonne und Mond durch das Jahr erscheinend. So gut wie alle Bauten weisen in ihrer Ausrichtung, ihrer inneren Proportion Maßbeziehungen zu dem umgebenden Kosmos auf, auch die scheinbar ungefügen Gebilde der Steinzeitkultur. Für die vorderasiatischen Kulturen und Ägypten ist das durch Schriftzeugnisse und Bilder belegt. Für den alteuropäischen Norden wurde es bislang vielfach angezweifelt. Erst durch Entdeckungen der jüngsten Zeit ist deutlich, dass auch hier eine umfassende astronomisch-astrologische Weisheit von einer eingeweihten Priesterschaft gepflegt und gehütet worden sein muss.[23]

Doch wie stand der Mensch in dieser kosmischen Ordnung darinnen? War er nur der für immer unselbständige Erfüller des Götterwillens? Oder lässt sich eine sinnvolle Entwicklung nachzeichnen, über bestimmte Stufen verlaufend? Befasst man sich mit alten Überlieferungen, tritt *ein* Grundbild entgegen. Nicht allein, dass man von Wirkungen sprach, die aus dem beseelten und begeisteten Kosmos einströmten. Im gleichen Atemzug sprach man von einem irdischen Wesen, in dem alle geistigen Fäden des Sternenraums wie in einem Extrakt zusammengebildet erschienen. Die alten Eingeweihten wussten, dass niemand anderes als der Mensch selber dieses Wesen sei: Er war ihnen der echte *Mikrokosmos* – das ins Ungeheure verdichtete Abbild der großen, universellen Welt.

Was bedeutet dies im Hinblick auf die Tempel-
bauten? Es bedeutet, dass sie anscheinend zugleich
als beides angesehen werden konnten: als Offenbarung makrokosmischer und mikrokosmischer
Wirklichkeit und Wirksamkeit. «Der kultische Bau
‹entspricht› hier in seiner Gesamtanlage und Ein-
richtung einerseits dem *Kosmos*, anderseits (...) der
Struktur des menschlichen *Leibes*.» Es ist hier nicht
der Ort, die einzelnen Schritte, die die Menschheit
in diesem kosmisch-irdischen Prozess durchmachte,
ausführlich nachzuvollziehen.[24] Denn uns geht es um
das Fundamentale des Bildes. An einer bestimmten
Beobachtung kann jedoch eine Tendenz aufleuchten.
Sieht man einen griechischen Tempel, wirkt er wie
das vollkommene, geistig-sinnliche Wohnhaus des
Gottes. Auf den Menschen ist nur insofern gezählt,
als die auserwählte Priesterschaft diese Wohnung zu
pflegen und den Götterkult möglichst rein zu halten
hat. Betrachtet man einen romanischen oder gotischen Dom, stellt sich nicht dieselbe Empfindung ein.
Ein menschenentleerter Dom wäre keine Gotteshaus
im selben Sinne wie das für den griechischen Tempel
galt. Zu ihm gehören die Menschen hinzu; zu ihm
zählt wesentlich die versammelte Gemeinde, die in
innigem Gebet ihre Gedanken und heiligen Gefühle
zu dem Göttlichen erhebt.[25]

Was hat sich hier ereignet? Ein gewaltiger Umschwung hat sich vollzogen – ein Umschwung, der aufs engste mit dem Einschlagen des Christentums zu schaffen hat. In der vorchristlichen Zeit war der Tempel die Behausung des Gottwesens, das Schritt um Schritt näher an die Menschheit heranrückte. Aller echte Tempeldienst war ausgerichtet auf die Vorbereitung des kommenden Ereignisses. Mit dem Inkarnieren des kosmischen Christus-Wesens in Leib und Seele des Jesus von Nazareth war dieses Ziel erreicht. Nun ging es um die Rettung und potentielle Neuschaffung der Menschheit: um das Niederreißen und Wiedererbauen des *Tempels des Leibes*, von dem der Christus spricht.[26]

In der nachchristlichen Zeit muss eine Umorientierung einsetzen, eine radikale Umpolung der Ausrichtung. Jetzt ist es darum zu tun, das Göttliche im Inneren aufzusuchen. Auch das Tempelbild erfährt damit einen neuen Sinn. Nicht mehr die Verleiblichung des Gotteswesens ist das unverrückbare Ziel. Ziel ist das *Vergeistigen der Seele*. Ziel ist, die Seele tempelartig zu gestalten, damit der kosmische Anteil des Menschen in ihr Wohnung nehmen könne: «Dem menschlichen Leibe ist die Fähigkeit bewahrt worden, vollkommener zu werden (als die Tierwelt, F.R.), bei ihm ist die Möglichkeit, ein Wohnplatz, ein Tempel für die höhere Individualität zu werden.» Oder, wie es an anderer Stelle heißt: «Der Tempel, das ist der Mensch, der in seiner Seele den Geist empfängt.»[27]

Ein Streben zur *Verinnerlichung* wurde dem Menschen eingepflanzt, ein Zug innerer Vertiefung, in dessen Anfängen wir gegenwärtig stehen, mit dem die Menschheit bis in unabsehliche Zukunftsgestaltungen hinein befasst sein wird. Dieser Zug deutet sich an in der Frömmigkeit des Mittelalters, die den Tempelbau von innen ergreift, besonders aber in der deutschen Mystik. Was dort mehr noch einen seelischen Charakter zeigt, muss heute *geistig* ergriffen werden. Geistig, das heißt: mit dem vollen Ichbewusstsein verbunden, in souveräner innerer Bewegung und Ausgestaltung. Was noch traditionell-religiöses oder ideell-humanistisches Gepräge trägt, muss ersetzt werden durch eine ichgeführte, frei gewollte Tätigkeit. Dann beginnt der neue, unsichtbare Tempel in jedem Menschen zu wachsen. Dann beginnt die wahre Kunst der Seele. Der Mensch wird zum inneren Baumeister, der sich willentlich und mit vollem Bewusstsein in den umfassenden Tempel der Menschheit hineinstellt.

Innere Ruhe – das Fundament

«Dem Geist ist Ruhe eigentümlich.»[28]
Novalis

In eine andere Welt treten wir ein mit der *inneren Ruhe*. Nicht mit dem hellen, beweglichen Aufmerken der Unbefangenheit haben wir es jetzt zu tun. In eine Sphäre des Dunkels werden wir geführt – in die Tiefengründe des Tempels wagen wir uns vor.

Ruhe stellt ein Grunderfordernis des inneren Weges dar. Kann ich die Seele nicht sammeln und im ruhigen Anhalten zu sich selber bringen, ist jedes Meditieren von vornherein zum Scheitern verurteilt. «Ruhe», «Stille» oder «Schweigen» wurde daher in allen Weisheitslehren, die einen esoterischen Weg beschrieben, zum Gegenstand der Betrachtung gemacht.[29] Auch Rudolf Steiner als Meister des neuzeitlich-rosenkreuzerischen Schulungsweges weiß um die Unerlässlichkeit der Ruhe. Der prägnanteste, einfachste Vorschlag findet sich in einer esoterischen Stunde. Man solle, um Seelenstille herzustellen, das Wort «Ruhe» selber meditieren. Sachgerecht angewandt, kann es wie ein magischer Schlüssel sein: «Ruhe ist ein Wort, das große okkulte Kraft in sich birgt.»[30]

Ein meditativer Spruch

Bekannter als diese entlegene Stelle dürfte ein undatierter Meditationsspruch sein. Er wirkt wie die innere Ausfaltung jenes Ruhe-Keimwortes. Sprachlich ist er, nach meinem Gefühl, einer der schönsten mantrischen Sprüche Steiners, zugleich von starker Anregungskraft, wenn man versucht, ihn in der inneren Arbeit fruchtbar zu machen. Wir wollen deshalb ein wenig bei diesem Kunstwerk der okkulten Sprache verweilen:

> Ich trage Ruhe in mir,
> Ich trage in mir selbst
> Die Kräfte, die mich stärken.
> Ich will mich erfüllen
> Mit dieser Kräfte Wärme,
> Ich will mich durchdringen
> Mit meines Willens Macht.
> Und fühlen will ich,
> Wie Ruhe sich ergießt
> Durch all mein Sein,
> Wenn ich mich stärke,
> Die Ruhe als Kraft
> In mir zu finden
> Durch meines Strebens Macht.[31]

In zwei mal sieben Zeilen wird hier ein ganzer Kosmos der Ruhe entfaltet. Die ersten drei Zeilen geben den thematischen Auftakt, die nächsten vier führen in das Kräftegeheimnis der Ruhe ein. Und die letzten sieben Zeilen verfolgen die realisierende Ausstrahlung der Ruhe in der menschlichen Natur.

> Ich trage Ruhe in mir,
> Ich trage in mir selbst
> Die Kräfte, die mich stärken.

Von Anfang an wird das aufmerkende Vorstellen auf die Tatsache gelenkt, dass «Ruhe» als Qualität allein im Inneren zu finden ist. Sie kann niemals abgerufen, bereitet, zugeliefert werden durch entsprechende Veränderung in der Umgebung. Urlaub in einer stillen Waldlandschaft, fern vom lauten Gehetze der Großstadt, vermag Ruhe anzuregen. Erzeugen kann ich sie nur selber. Beschwörend fast wird die entscheidende Wende nach innen gleich zu Anfang in dem doppelt wiederholten «in mir», «in mir selbst» angeschlagen. Und worauf ich geführt werde, verkündet die dritte Zeile, ist etwas Bewegendes, Kraftvolles.

Es folgt der zweite Teil, der das machtvolle Anschwellen des angeschlagenen Klanges bringt undzugleich einlädt, eine bestimmte Art der inneren Bewegung zu vollziehen:

Ich will mich erfüllen
Mit dieser Kräfte Wärme,
Ich will mich durchdringen
Mit meines Willens Macht.

Was entdecke ich, indem ich die Kräfte aufrufe? Ich bleibe nicht kalt, nicht trocken in meiner See-le – Wärme, intensive seelische Wärme durchpulst mich, indem ich «Ruhe» vollziehe. Und als was ent-hüllt sich die Wärme bei genauer Beobachtung? Als reiner Wille! Wille schließt sich kreisartig zusammen mit Wille. Oder, was dasselbe ist: Wärme findet, sich steigernd, zurück in Wärme, gleichsam ein heiliges, schöpferisches Wirbelzentrum ausbildend. Doch wer wohnt in diesem Zentrum? Muss nicht mein Wesen dabei sein, wenn das, was beabsichtigt ist, entstehen soll? Kann es einen Wärmemittelpunkt geben ohne das Ich? Wir sehen, wie das «Ich» in dem Spruch in rhythmischer Wiederholung angerufen wird; wie kein Zweifel gelassen wird, dass es in der mittelsten Mitte dieses mystischen Prozesses steht.

Wir rühren hier, auf dem meditativen Erfahrungs-wege, an eines der größten und wichtigsten Geheim-nisse der rosenkreuzerischen Geisteswissenschaft: die Frage nach dem Zusammenhang von Wärme, Wille und Ich. «Wärme» oder «Feuer» macht das

schöpferische Medium schlechthin aus. Aus der Ur-
wärme des Alten Saturn ist die erste, den Menschen
keimhaft beinhaltende Stufe der kosmischen Evolu-
tion hervorgegangen. Die Wärme bildet aber auch
im heutigen Weltzustand noch den entscheidenden
Übergang – den Übergang zwischen äußerer und
innerer Welt:

«Daher hat die alte Wissenschaft, schon bei den
Indern, hervorgehoben: Erde, Wasser, Luft nimmst
du in der Außenwelt allein wahr, Wärme ist das erste
Element, das auch innerlich wahrgenommen werden
kann. Wärme oder Feuer hat also sozusagen zwei Seiten: eine Außenseite, die sich uns zeigt, wenn wir sie
äußerlich wahrnehmen, eine innerliche Seite, wenn
wir uns selbst in einem bestimmten Wärmezustand
fühlen. Nicht wahr, der Mensch fühlt seinen inneren
Wärmezustand, es ist ihm heiß, es friert ihn; dagegen
kümmert er sich bewusst nicht viel um dasjenige, was
in ihm luftförmige, wässerige, feste Substanzen sind,
was also Luft, Wasser, Erde in ihm ist. Er fängt sozusagen an, sich zu fühlen im Elemente der Wärme.
Eine innerliche und äußerliche Seite hat das Element
der Wärme. Daher sagt die alte und mit ihr die neue
Geisteswissenschaft: Die Wärme oder das Feuer ist
dasjenige, wo das Materielle beginnt seelisch zu werden. Wir können daher im wahren Sinne des Wortes

sprechen von einem äußeren Feuer, das wir gleich den anderen Elementen wahrnehmen, und einem innerlichen, seelischen Feuer in uns.»[32]

Wärme macht die «Brücke» aus von der geistig-seelischen Welt in die physisch-stoffliche. Dieser Brückenkraft bedarf das Ich, um überhaupt auf die Erde zu finden. Hätten wir keine Wärmeorganisation, so wie wir eine Wasser- oder Luftorganisation in uns haben, verfügten wir nicht über die Fähigkeit, das Blut auf einer konstanten Wärmestufe von 37° zu halten, wäre dem Ich keine Möglichkeit gegeben, sich in einem physisch-sichtbaren Leib zu inkarnieren. Wärme und Ich sind ihrer Substanz nach identisch. Das Ich ist im Tiefsten ein Feuerwesen, eine «Flamme», wie Novalis oft hervorhebt.[33] Und dieses Feuerwesen ist seiner innerlichen Beschaffenheit nach nichts als – reiner Wille. Das Ich ist gerade da nicht zu finden, wo wir es üblicherweise zu erhaschen glauben, im vorstellenden Bewusstsein nämlich. Das vorgestellte Selbst ist bloß gedankliche Spiegelung des eigentlichen Ichs, das sich in den Untergründen der Seele verbirgt. Dieses eigentliche Ich entpuppt sich als Willens-Wärme-Wesen.

Wir kommen, auf den Spruch zurückschauend, zu dem paradoxen Ergebnis, dass tiefste Ruhe zugleich höchste Bewegung ist – ein reiner, in sich selbst zurückkehrender Willensfluss. Ein solcher Seelenzustand ist das Gegenteil dessen, was man gewöhnlich unter «Wille» versteht. Es ist verinnerlichter, intensiv gewordener Wille, nicht ein in die Außenwelt ergossener, extensiv in Begehrungen und Wünschen sich auslebender. Die große Frage bleibt natürlich, wie dieser Willensfluss zustande kommt. Wie kann ich vermeiden, dass z.B. bei dem meditativen Gebrauch jenes Spruches nicht einfach mein alltägliches Ego ins Ungeheure anschwillt? Oder anders gewendet: Wie entsteht aus dem schlackenhaften Begehren ein reiner Wille? Darauf werden wir später zurückkommen.

Erinnern wir uns zunächst nochmals an den Erfinder Rudolf Diesel. Mit seinem Motor, den er in dem denkwürdigen Jahr 1893 patentieren ließ, wollte er eine Maschine konstruieren, die einen wesentlich höheren Wirkungsgrad haben sollte als die herrschende Dampfmaschine. Das Ziel jeder Maschine ist es, möglichst viel Kraft künstlich herzustellen und frei verfügbar zu machen. Der zugrundeliegende Vorgang ist immer ein Wärmeprozess. Daher wurden Dampfmaschine und Dieselmotor «Wärmekraftmaschinen» genannt.[34] Auch hier also stoßen wir auf die geheimnisvolle Wärme! Nur geht es um Einsetzung und Optimierung äußrer Wärmevorgänge, die zivilisatorisch genutzt werden sollen (und im Falle des

Diesel-Motors bis heute weltweit in industriellem Maßstab genutzt werden). Diese unterliegen dem Gesetz des Druckes der Materie, wie es exemplarisch an dem Dieselschen Einfall der Wärmeerzeugung durch überhohe Drücke aufscheint. Einen mantrischen Spruch wie den vorliegenden könnte man im analogen Bild als «Diesel-Motor des Inneren» bezeichnen. Freilich unterliegt der innere Kraftantrieb einem anderen Gesetz, das die Entsprechung zu dem äußeren auf höherer Stufe bildet. Man betritt mit ihm den Bereich lebendig-geistiger Kräfte. Statt Druckverhältnissen walten hier Sogwirkungen vor; statt der Schwere der Materie beherrschen *Leichtekräfte* das Feld.[35]

Dies alles kann hier nur umrissen werden. Es klingt aber real an in den Mittelzeilen unseres Spruches. Es klingt an: die Urvergangenheit des Menschen, in der er aus dem Schöpfungsatem des «Unbewegten Bewegers» ein allererstes Wärmedasein mitmachte. Es klingt an: der gewaltige Spannungszustand der Gegenwart, in der Außen- und Innenprozess der Wärme auseinanderzubrechen drohen. Und es klingt an: die Möglichkeit, dass der Mensch jetzt und in alle Zukunft selber eine neue Welt gebiert. Dass er vom Geschöpf zum freien Schöpfer aufsteigt. Auch das ist nur gründbar aus dem ichhaft geführten Feuerprozess – aus dem Verinnerlichen der Wärme. Dazu bietet der Spruch eine magische Handhabe. Nicht nur gedanklich versichern wir uns der angedeuteten Zusammenhänge. Indem wir ihn meditativ aufschließen, steigen wir erfahrungsmäßig auf dem Weg seelischer Beobachtung in sie ein.[36]

Es bleibt noch die Besprechung der letzten sieben Zeilen des Spruches. Wir können sie angesichts der grundlegenden Ausführungen im Vorigen knapp halten:

> Und fühlen will ich,
> Wie Ruhe sich ergießt
> Durch all mein Sein,
> Wenn ich mich stärke,
> Die Ruhe als Kraft
> In mir zu finden
> Durch meines Strebens Macht.

Nach der Aneignung und willenshaften Selbstdurchdringung, zu der im zweiten Abschnitt angeregt wurde, ist jetzt mit dem «Fühlen» ein neuer Ton angeschlagen. Durch das Gefühl wird der Mensch eine abgegrenzte Persönlichkeit; im wollenden Fühlen das vorher Erworbene subjektives Seeleneigentum. Und was ich mir ganz zu eigen gemacht und mit Kraft durchsetzt habe, das kann ich auch ausstrahlen. Das vermag ich in alle Sphären meines Seins – meiner leiblich-lebendigen und seelisch-geistigen Natur – auszugießen. Doch die Bedingung bleibt: Es ist nicht mit einem Mal getan, und auch nicht mit vielen Malen. Ich muss immer neu und immer wieder ansetzen, um die Ruhe als «Kraft», d.h. aber: als wärmenden, innerlichen Willen, aufzusuchen. Das gelingt mir nur durch unentwegtes «Streben». Und was drückt sich in dieser Bewegung des Strebens aus? Es drückt sich die Bewegung des Ich selber aus, jener geheimnisvollen Zentralkraft, die, wie in der Faust-Gestalt urbildlich dargestellt, sich in die Unendlichkeit hinauf entwickeln möchte von einem vorgestellten, vergänglichen Etwas zu einem unvergänglichen Willenswesen …

Es mag sinnvoll sein, diesen so Ungeheures enthaltenden, reichen Spruch erst langsam für die Meditation aufzuschließen. Man kann von der aufgezeigten Gliederung ausgehen und die einzelnen Abschnitte längere Zeit für sich üben, namentlich den ersten und zweiten. Nach einer Weile wird es dann gelingen, den gesamten Bogen zu übergreifen und in eine Stimmung zusammenzufassen. Alles, was an inhaltlicher Erläuterung angeführt wurde, ist in dieser Hinsicht nicht Selbstzweck. Es dient der Vertiefung in den mantrischen Spruch, in seine Kernideen, deren Riesenräume man ertasten lernt, vergleichbar etwa jenen vorbereitenden Gedanken, die in der *Geheimwissenschaft* zum Aufbauen der Rosenkreuz-Meditation angegeben sind.[37]

Erneut im Vorhof

Wir sahen, wie die Frage der Ruhe unmittelbar hineinführt ins Tiefendunkel des Tempels. Ohne energische Ausbildung dieser Qualität würde das heilige Bauwerk beim ersten Anprall zusammensinken.

Die Ruhe hat nun auch einen Aspekt, der eher im Vorhof oder Umkreis des Tempels angesiedelt ist. Es handelt sich um den notwendigen Zusammenhang von Ruhe und Selbsterkenntnis. Eine Legende aus der Tradition der Wüstenväter kann die gemeinte Richtung veranschaulichen:

«Zu einem Einsiedler kamen eines Tages Menschen. Sie fragten ihn: ‹Welchen Sinn siehst du in deinem Leben der Stille?› Er war gerade mit dem Schöpfen von Wasser beschäftigt, aus einer tiefen Zisterne. Er überlegte und sprach: ‹Schaut in die Zisterne. Was seht ihr?› Die Besucher blickten in die tiefe Zisterne. ‹Wir sehen nichts.› Nach einer Weile forderte der Ein-

siedler die Leute wieder auf: ‹Schaut in die Zisterne. Was seht ihr?› Sie blickten hinunter und sagten: ‹Jetzt sehen wir uns selbst!› Der Einsiedler sprach: ‹Als ich vorhin Wasser schöpfte, war das Wasser unruhig, und ihr konntet nichts sehen. Jetzt ist das Wasser ruhig, und man sieht sich selber. Das ist die Erfahrung der Stille.›»[38]

Die Notwendigkeit der ruhigen Selbstschau als eines Steuerinstruments auf dem inneren Weg, die in der Legende wundervoll durch das Bild des Brunnenspiegels ausgedrückt ist, lässt sich auch durch folgende Beobachtung nachvollziehbar machen. Mit dem Beschreiten eines inneren Weges gewinnt die Seele an Kraft. Eine Meditation wie die besprochene zeigt ihr das ureigene Potential. Sie bemerkt, dass sie reiche, ungeahnte Schätze in sich birgt, dass sie gewaltige Kräfte aus sich entbinden kann. Ihr Selbstgefühl steigert sich. Sie erfährt sich als abgeschlossene, kraftstrahlende Persönlichkeit. Es ist klar, dass der Vorgang Gefahren birgt, so gesetzmäßig er eintreten muss. Vor allem die Gefahr, dass unser Selbstbild so bleibt, wie es zu Anfang war; dass wir unendlich anschwellen in unserer Eigenheit. Dieser Gefahr muss vorgebeugt werden. Ein Gegenprozess ist anzuregen, der die einsinnige Richtung nach der anderen Seite hin zum Ausgleich bringt. Wie kann das geschehen?

Es kann geschehen, wenn die Seele anfängt, sich selber *objektiv* zu werden. Sie muss aus ihrer gewohnten Innenverhaftung heraustreten und sich, wie ein sachlicher Beobachter, selber anschauen lernen, als stünde sie einem fremden Menschen gegenüber. «Selbstfremdmachung» hat es Novalis sprachmächtig genannt, was da als Gegenschlag zur unaufhörlichen «Zueignung» durch das Ich ausgeführt werden müsse.[39] Mit ähnlichen Worten umreißt diese Grundübung Rudolf Steiner: «Der Geheimschüler muss die Kraft suchen, sich selbst in gewissen Zeiten wie ein Fremder gegenüberzustehen. Mit der inneren Ruhe des Beurteilers muss er sich selbst entgegentreten. Erreicht man das, dann zeigen sich einem die eigenen Erlebnisse in einem neuen Lichte. Solange man in sie verwoben ist, solange man in ihnen steht, hängt man mit dem Unwesentlichen ebenso zusammen wie mit dem Wesentlichen. Kommt man zur inneren Ruhe des Überblicks, dann sondert sich das Wesentliche von dem Unwesentlichen. Kummer und Sorge, jeder Gedanke, jeder Entschluss erscheinen anders, wenn man sich so selbst gegenübersteht.»

Dann wird das Ganze in ein Bild zusammengenommen: «Es ist, wie wenn man den ganzen Tag hindurch in einem Orte sich aufgehalten hat und das Kleinste ebenso nahe gesehen hat wie das Größte; dann des

Abends auf einen benachbarten Hügel steigt und den ganzen Ort auf einmal überschaut. Da erscheinen die Teile dieses Ortes in ganz anderen gegenseitigen Verhältnissen, als wenn man darinnen ist. Mit gegenwärtig erlebten Schicksalsfügungen wird und braucht dies nicht zu gelingen; mit länger vergangenen muss es vom Geistesschüler erstrebt werden.» Und schließlich wird noch hinzugefügt, auf das Wesentliche der dabei zu erbringenden Seelenarbeit weisend: «Der Wert solcher inneren, ruhigen Selbstschau hängt viel weniger davon ab, was man dabei erschaut, als vielmehr davon, dass man in sich die Kraft findet, die solche innere Ruhe entwickelt.»[40]

Wiederum der Hinweis auf die aufgewendete Kraft! In dieser Kraft «steckt» das höhere Selbst. Ja, man kann sagen, diese Kraft ist die allererste, elementarste *Erfahrung* jenes Selbstes. Durch energisches Herausziehen aus der eigenen Subjektivität beginnt sich das Unwesentliche vom Wesentlichen zu trennen: Das eigene höhere Wesen wird anfänglich spürbar. Das geht aber nur, wenn man wirklich die Außenschau durchführt. Leicht kommt man in die Lage, sich erneut in die erlebten Situationen hineinzuversetzen, sie gleichsam ein zweites Mal durchkostend. Vielmehr ist man gehalten, von solcher Verhaftung loszukommen und sich selber wie auf einer Bühne als eine der handelnden Personen zu erleben, im ruhigen Überschauen und mit möglichster Genauigkeit und Farbigkeit des Erinnerns.

Eine andere Abweichung läge darin, die eigenen Taten mit dem moralischen Zeigefinger zu betrachten. Auch darum kann es nicht gehen. Es geht um unbefangene Selbstanschauung, damit der vermischte König aus niederen und höheren Antrieben sich entmische und das königliche Ich ansichtig werde, nicht um «tugendhafte» Selbstdrangsalierung. Dazu ist jene bühnenartige Draufsicht vonnöten, die aus innerem Abstandnehmen und innerer Anteilnahme zugleich besteht.

Dennoch ist ein solcher Vorgang zunächst auch schmerzlich. Die Seele hat sich verliebt in ihr Eigenbild. Mit allen Fasern klammert sie sich an den Spiegel, den sie an ihre Innenwand gemalt hat. Übt man öfters in dieser Richtung, gewöhnt man sich an diesen Schmerz. Man nimmt ihn in Kauf als Begleiterscheinung, als notwendige Durchgangsstufe. Man weiß, dass er fruchttragend ist für das höhere Leben. Ja, sogar liebgewinnen kann man ihn, wie ein läuterndes Feuer, das erst peinigt, dann aber zu einer reineren, vollkommeneren Verfassung der Seele führt.

Schweigendes Zuhören

Was hat das Zuhören mit der inneren Ruhe zu tun? Ist das nicht eher ein passiver Zustand, jener lästige Zwischenraum, den man abzuwarten hat, bevor man selber etwas sagen darf?

Jeder, der einmal einem wirklichen Zuhörer gegenübersaß und ihm sein Herz öffnete, weiß, dass dem nicht so ist. Zwischen «zuhören» und «zuhören» besteht ein himmelweiter Unterschied! Bei dem einen redet man, aber man hat nicht den Eindruck, als geschehe etwas mit dem Gesprochenen. Es ist, als spräche man in dumpfe Watte hinein. Bei dem anderen brauche ich kaum den Mund aufzumachen, und sage Dinge, die ich mir selber vorher nicht eingestanden habe. Ein intensiver Sog geht von solchem Zuhören aus. Am Ende des Gesprächs ist mir, als wenn schwere Lasten von meiner Seele genommen wären, als wenn ich eine neue Richtung sähe, auch ohne dass das zauberische Gegenüber mir inhaltlich viel mitgeteilt haben muss.

Auf dem inneren Weg kann nun eine solche Beobachtung methodisch aufgesucht und vertieft werden. Die freie Beherrschung des Ruhewesens ist dazu erforderlich. Habe ich mir eine gewisse Selbstlosigkeit in der Eigenanschauung verschafft, kann ich dies auch der Umgebung mitteilen. Ich kann Ruhe in fremdes Sein ergießen, wie ich sie zuvor dem eigenen Sein habe zukommen lassen. Das ist etwa möglich, wenn ich einem anderen Menschen zuhöre: «Was für die Ausbildung des Geheimschülers ganz besonders wichtig ist, ist die Art, wie er anderen Menschen beim Sprechen zuhört. Er muss sich daran gewöhnen, dies so zu tun, dass dabei sein eigenes Inneres vollkommen schweigt. Wenn jemand eine Meinung äußert, und ein anderer hört zu, so wird sich im Innern des letzteren im allgemeinen Zustimmung oder Widerspruch regen. Viele Menschen werden wohl auch sofort sich gedrängt fühlen, ihre zustimmende und namentlich ihre widersprechende Meinung zu äußern. Alle solche Zustimmung und allen solchen Widerspruch muss der Geheimschüler zum Schweigen bringen. Es kommt dabei nicht darauf an, dass er plötzlich seine Lebensart so ändere, dass er solch inneres, gründliches Schweigen fortwährend zu erreichen sucht. Er wird damit den Anfang machen müssen, dass er es in einzelnen Fällen tut, die er sich mit Vorsatz auswählt. Dann wird sich ganz langsam und allmählich, wie von selbst, diese ganz neue Art des Zuhörens in seine Gewohnheiten einschleichen.»[41]

Die Übung kann einen zuerst recht hart ankommen. Als Gegenwartsmenschen sind wir gewohnt, ständig unser Urteil spielen zu lassen. Ein innerer Schwätzer sitzt wie ein Parasit in unserer Seele, der, meist unvermerkt, fortwährend jede Sache, jedes Ereignis, jede Person und ihre Handlungen kommentierend begleitet. Auf ihn stoßen wir, fast überrascht, wenn wir uns ernsthaft ans Schweigen machen. Dabei sollten wir uns, wie Steiner vorschlägt, nicht übernehmen. Wir können immer wieder probeweise verfahren und nachher uns Rechenschaft ablegen, wie weit es reichte. Vor allem dürfen wir nicht den Humor uns selbst gegenüber verlieren, sonst gelangen wir unweigerlich in ein beengtes Fahrwasser, in ein System von Vorschriften, mit denen wir uns seelisch einschnüren. Bei allem Ernst und allem Tiefgang sollte der Schulungsansatz auch etwas Leichtes, Gelöstes haben – etwas, worin unser Freiheitswesen, das immer mit echtem Humor einhergeht, leben und atmen kann.

Doch zurück zur Ruhe des Zuhörens. Ein ergreifendes Beispiel von Steiners eigener Fähigkeit, anderen Menschen zuzuhören, stammt aus seiner frühen Berliner Zeit um die Jahrhundertwende im Kreis der «Kommenden». Ergreifend ist das Beispiel besonders deshalb, weil der Ohrenzeuge, Hermann Friedmann, selber später als Philosoph hervorgetreten, Steiners Ansatz einer Wissenschaft vom Geist ausdrücklich abgelehnt hat. Aus seiner Autobiographie sei eine

Stelle etwas ausführlicher zitiert, die für unseren Zusammenhang vielsagend ist:

«Zu Themen, die nicht er selbst aufgebracht hatte, äußerte sich Steiner im Gegenteil meist nur wortkarg oder gar nicht; aber er hörte gleichsam mit allen Organen, und niemand hätte sagen dürfen, dass seine ‹Teilnahme› am Gespräch nicht eine außerordentliche gewesen sei. Ich glaube, er hörte, sah, fühlte und verstand den redenden Menschen. Schon dies wäre ja an sich bewunderungswürdig. Groß aber wurde in meinen Augen erst das Verhältnis dieses beinahe mystischen Schweigens (…), das Verhältnis dieses wortlosen Hörens zur Wucht seiner eigenen Rede, wenn er daran zerrte und riß (…). Aus diesem Verhältnis (…) sprang eine ungeheure Dynamik einen an, entlud sich eine beispiellose Spannung. Zur restlosen Erfassung des Phänomens seiner Redewirkung war man also meines Erachtens noch nicht befähigt, wenn man nur sein Reden hörte; man musste auch sein Schweigen- und Hörenkönnen im Bewusstsein tragen. Freilich, in seiner Sichselbsteinschaltung beim Reden sprach er so überwältigend auf den anderen ein, wie er in seiner Selbstausschaltung den anderen zuhörte: und darum konnte auch jedes für sich unermesslich stark und eindrucksvoll wirken. Manchmal sagte er nur in einem kurzen Satz: ‹Sie stehen genau da, wo ich stehe,

Sie wissen es nur nicht›; und man glaubte es ihm, weil es keine Redensart oder Finte war, sondern die Beweiskraft seiner hingegebensten Aufmerksamkeit an die gegnerische Beweisführung voraus hatte.»[42]

Die Schilderung ist nicht nur ein Zeugnis für Steiners rhythmische Seelenelastizität und seine Versenkungsgabe in den anderen Menschen; sie ist ebenso ein Erweis für die echte Unbefangenheit des Schildernden! Friedmann hat, so könnten wir aus dem Gedankenhintergrund der Schulungsschritte sagen, die Tugend des Eingangstores auf ein herausragendes Phänomen des zweiten Schrittes angewandt.

*

In der altorientalisch-persischen Einweihung gibt es nach dem «Raben» einen weiteren Grad. Das ist der *Okkulte,* der *Verhüllte.* Auf dieser Stufe musste man besonders intensiv das Schweigen lernen. Jetzt ging es nicht um unbefangenes Aufnehmen fremder Menschengedanken wie beim Raben. Jetzt war das Zurückhalten aller Seelenfasern im Stillschweigen gefordert. Aus der pythagoräischen Schule kennt man das jahrelange Schweigegebot als Vorstufe für die Einweihung. Ähnliches wurde, ins christliche Gewand übersetzt, in den Schweigeorden des Mittelalters oft lebenslang geübt, z.B. bei den Trappisten.

Aus einem Lehrling wurde so allmählich ein Meister des Schweigens, einer, dessen Seelenspiegel so ruhevoll geworden war, dass die Welt des Geistes ihm etwas zuraunen konnte. Unter den Verhältnissen der gegenwärtigen Zivilisation ist das Schweigen als Lebensform nicht mehr gangbar und angemessen. Aber die Qualität bleibt erhalten. Es kommt an auf ein Zurückdrängen von Neugier und Mitteilungsdrang, gerade auch auf dem Feld geistigen Strebens und esoterischen Wissens. Es kommt an auf das jederzeitige, genaue Prüfen, was man sagen darf und was lieber hinter dem Schleier der Verhüllung bleiben sollte. Es kommt an auf jenen Kraftgewinn, der der Seele für den inneren Weg «gutgeschrieben» wird, wenn sie sich die Selbstentäußerung des Schweigens – das Fremdwerden gegenüber dem eigenen Urteils- und Meinungsdrang – freiwillig auferlegt: «Jede solche unterdrückte Offenbarung des Sonderwesens, jedes Stillschweigen ist eine neue Anhäufung von Kraft für unsere Erkenntnis. Je mehr wir imstande sind, zuzuhören und nicht unsere Meinung zu sagen, desto rascher steigen wir auf zu den direkten Erkenntnissen und zum direkten Schauen. Das ist für denjenigen, der keinen Einblick hat in die Organisation der menschlichen Seele, etwas Unglaubliches. Aber ebenso sicher, wie im Akkumulator die Kräfte sich sammeln, so können sich die Seelenkräfte akkumulieren, wenn wir unsere Meinungen unterdrücken. Kraft und Stärke gibt dies. Wer überall Meinungen zu äußern hat, wird nur langsam aufsteigen können; wer viel schweigen kann, wer die Dinge zu sich reden lassen kann, der wird rasch aufsteigen. Das ist eine goldene Regel in bezug auf die direkte Erkenntnis: Wenn wir nicht den Dingen unsere Meinungen entgegenhalten, dann werden die Dinge zu uns sprechen.»[43]

Es gab noch eine andere Kennzeichnung für den zweiten Grad in den Mithras-Mysterien, die von den äußeren Geschichtsquellen her heute sogar als Hauptbenennung gelten muss: der *Nymphos*. Das für den Mysterienzusammenhang geschaffene griechische Kunstwort lässt sich übersetzen als «Männliche Nymphe». Der Ausdruck «Nymphe» weist aber auf das Stadium der Verpuppung im Insektenreich, namentlich bei den Bienen und Schmetterlingen.[44] Ein wunderbar sachgemäßes Bild, geschöpft ganz aus den okkulten Untergründen der Weltentsprechung zwischen Mensch und Kosmos: Nach dem gefräßig-beweglichen «Raupendasein», bei dem sich der Schüler eifrig und unermüdlich reichsten Weltinhalt einverleibt hat, folgt die polare Gegengeste – ein Rückzug in das Schweigen der Verpuppung, ein sich Einhüllen im Ruhezustand, den schöpferischen Umschlag erwartend. Äußerlich wie Todesstarre wirkend, tatsächlich aber empfänglich für kosmisch gestaltende Kräfte, die den neuen, höheren Menschen – den strahlenden Geistschmetterling – in der Unsichtbarkeit vorbereiten.

Auf dieses Fruchtbare, verjüngende Anfänge Bringende der Ruhe hat auch Rudolf Steiner in einer esoterischen Unterweisung hingedeutet: «Manchmal wächst in aller Stille während ganz kurzer Zeit die Seele ungeheuer rasch. Man könnte sagen: Es bedarf zur Entwickelung gar nicht der Zeit, sondern nur der tiefinnerlichen Ruhe.»[45]

Ehrfurcht und Andacht –
die Stimmung des Seelenraums

«Die Herrschaft der Ehrfurcht würde
die Erde von allen den Übeln heilen,
an denen sie gegenwärtig und vielleicht
unheilbar krank liegt.»[46]
Johann Wolfgang Goethe

Wir haben die Ruhe kennengelernt als den festen
Kraftgrund des Tempels. Wir haben uns mit der
Unbefangenheit vertraut gemacht, dem hellen Eingangstor, die uns im Tempelinnern wieder begegnete
als durchsichtig-kristalline Empfänglichkeit. Würden
wir bei diesen beiden Schritten des Weges stehen
bleiben, müsste sich auf Dauer ein Mangel fühlbar
machen. Man bekäme das Gefühl, dass etwas fehle
zur Abrundung der inneren Grundlagen. Im Bild des
Tempels gesprochen: Zwischen dem Fundamentbil-
denden der Ruhe und dem nach oben Eröffnenden
der Unbefangenheit muss eine seelische Grundfär-
bung hinzutreten, ein verinnerlichte Stimmung, die
in rechtmäßiger Weise die Verbindung mit dem Geistigen ermöglicht. Man mag, um das angeschlagene
Bild auszumalen, an die gemüthafte Innigkeit denken,
die den Raum in romanischen oder gotischen Domen

als feine Atmosphäre erfüllt. Vielleicht auch an eine im Gebet versunkene Gestalt, die in einem solchen Raum kontemplierend der geistigen Welt mit ganzer Seele zugewandt ist.

Es lässt sich aber auch ein Gedankengang entfalten, der das Gemeinte sinnvoll einholt. Wir sprachen schon von der Selbstfindung des Menschen, die heute aus den Zeittendenzen heraus vollzogen werden muss. Durch diesen Vorgang wird das Ich stärker, aber auch einsamer. Es erlebt sich zusehends isoliert von der Welt. Es erwacht in seiner Eigensphäre, doch diese erscheint ihm zugleich als ein unüberwindliches Gefängnis. Hat der Betreffende nun nicht seine höheren Bedürfnisse eingeschläfert, beginnt sich in ihm ein unbestimmtes Gefühl zu regen. Eine Sehnsucht wird lebendig, die mit starken Fasern nach der Wiederverbindung mit dem Geist strebt. Die Neuverbindung ist von der Geistwelt her angelegt, gerade aus tiefstem Einsamkeits- und Ohnmachtserleben heraus. Aber sie hat eine Bedingung. Salopp ausgedrückt: Die geistige Welt achtet darauf, dass wir die richtige Eintrittskarte mitbringen. Diese Eintrittskarte, durch die wir uns ein sachgemäßes Verhältnis zu den Geistwesen erwerben, ist nichts anderes als die Stimmung der Ehrfurcht. Ehrfurcht und Andacht sind unverzichtbare Regungen beim Zutritt in die höhere Welt.

Für die Geisteswissenschaft handelt es sich um so grundlegende Regungen, dass sie im «Pfad der Verehrung» an den Beginn des Weges zum unsterblichen Selbst gestellt sind: «Eine gewisse Grundstimmung der Seele muss den Anfang bilden. Der Geheimforscher nennt diese Grundstimmung den Pfad der Verehrung, der Devotion gegenüber der Wahrheit und Erkenntnis. Nur wer diese Grundstimmung hat, kann Geheimschüler werden.» Und: «Wenn wir nicht das tiefgründige Gefühl in uns entwickeln, dass es etwas Höheres gibt, als wir sind, werden wir auch nicht in uns die Kraft finden, uns zu einem Höheren hinaufzuentwickeln. Der Eingeweihte hat sich nur dadurch die Kraft errungen, sein Haupt zu den Höhen der Erkenntnis zu erheben, dass er sein Herz in die Tiefen der Ehrfurcht, der Devotion geführt hat.»[47]

Vom Geheimnis der Verlangsamung

Das Herz in die Tiefen der Ehrfurcht führen – wie soll das gehen? Kann ich mich ohne weiteres hinsetzen und die Stimmung der Ehrfurcht willentlich aufrufen? Sie gar energisch erzeugen, wie Steiner vorschlägt? Jeder, der solches versucht, wird erst einmal scheitern. Wenn man nicht Wunderkräfte aus der Vergangenheit mitbringt, wenn man nicht ein «Hochbegabter» auf dem Gebiet ist, wird dies aus den Zeitverhältnissen heraus das Erwartbare sein. Hier tritt aber auch ein menschenkundliches Problem zutage. Es hängt mit dem Verhältnis zusammen, das jeder Mensch mit einem modernen Bewusstsein als innere Spannung zwischen Kopfdingen und Herzkräften in sich trägt. Einen abstrakten Gedanken kann ich mit ungeheurer Raschheit erfassen. Da muss das Herz noch gar nicht beteiligt sein. Viel länger dauert es, bis ein Gedanke auch in den Tiefen des Herzens Realität wird.

Das hat auch seine physiologische Entsprechung. Der Atem- und Herzrythmus spielen im Bereich von Sekundenabläufen. Sie sind, auch wenn sie im Normalzustand nur traumhaft bewusst werden, in ihrem Zeitcharakter seelisch überschaubar. Steigt man herauf in den Bereich von Nerven- und Sinnesorganisation, die im Haupt ihren Angriffspunkt haben, ändert sich das erheblich. Eine gewaltige *Beschleunigung* setzt ein. Der überschaubare, mittelwellige Rhythmus geht über in ein feines Vibrieren, das bis zur tausendstel Sekunde sich steigert. Diese unwahrnehmbaren Vorgänge, in subtilen elektrischen Strömen sich kundgebend, formen mit an der leiblichen

Grundlage unseres Gedankenlebens. Umgekehrt steht es mit dem Willensleben. Es bedarf langwelliger, in den Minuten- und Stundenbereich hineingehender Rhythmen, um sich, etwa in der Verdauungstätigkeit, körperlich manifestieren zu können.[48]

Die Technik des Informationszeitalters nimmt nun die obere Tendenz des Menschen auf und treibt sie hinaus ins Unermeßliche. Der Computer ist nichts anderes als ein technisch nachgeahmtes Nervensystem, in dem elektrische Impulse mit unvorstellbarer Schnelligkeit auf unvorstellbar kleinem Raum gesteuert werden. In diesem System ist die Verstandestätigkeit des Menschen nach außen gesetzt. Bei einem normalen Personalcomputer (PC) ist man derzeit bei etlichen Milliarden Prozessen pro Sekunde angelangt, ohne dass ein Ende dieser Entwicklung absehbar wäre. Die Flut möglicher, jederzeit abrufbarer Informationen ist für das menschliche Bewusstsein nicht bewältigbar, geschweige denn zu verdauen. Durch das Internet – die Verknüpfung jener technischen Riesenköpfe zu einer Weltmaschine – wird die Flut nochmals gesteigert.[49]

Ein simples Beispiel: Früher musste ich, wollte ich ein Buch in meiner Bibliothek ausleihen, erst an den Ort fahren, dort umständlich in riesigen Zettelkästen kramen und eine handschriftliche Bestellung ausfül-

len, um dann, einige Tage später, das Bestellte abzu-
holen. Von zu Hause aus geht das jetzt per PC und
Internet in wenigen Minuten. Eine erfreuliche Zeitersparnis! Allerdings komme ich in diesem Augenblick auch nicht mehr mit dem Wettergeschehen in
Berührung, wie das sonst der Fall war, wenn ich per
Fahrrad zur Bibliothek fuhr und, bei der Fahrt durch
den Park, meinen Blick zu Bäumen und Wolken
schweifen lassen konnte. Ebenso wird eine «zufälli-
ge» Begegnung, die sonst unterwegs mit diesem oder
jenem Menschen zustande kam, in dem ausgesparten
Moment nicht stattfinden.

Ähnliches hat sich, wie jeder weiß, längst auf
dem Feld der Fortbewegung abgespielt. Mit un-
serem (auf dem Prinzip des überhohen Druckes
beruhenden) Dieselwagen etwa, inzwischen durch
Computerelektronik optimiert, kann man die Strecke
München – Kassel in wenigen Stunden bewältigen.
Früher wären dazu, je nach Fortbewegungsmittel,
Tage oder gar Wochen nötig gewesen.

Von einem mehr seelischen Gesichtspunkt aus können wir sagen: Die Gesamtlage des gegenwärtigen
Menschen ist von äußerster Aktivität gekennnzeich-
net, aber unterschwellig einhergehend mit dem Gefühl innerer Leere. Dem meisterhaft gehandhabten
technischen Willen, der sich sein Werkzeug verschafft

hat in einem Fortbewegungsmittel wie dem Auto, steht am anderen Pol, dem Vorstellen, eine Überflutung mit unverdaubaren Wissensinhalten gegenüber. Die eigentlich menschliche Mitte zwischen Kopf und Gliedern bleibt leer – und wird nur äußerlich durch eine Art künstlicher Ernährung versorgt. Die große Zeitersparnis schlägt seelisch interessanterweise nicht an wie zu erwarten. Im Gegenteil, untergründig lebt die Empfindung, als würden wir ohne Ausweg auf einen Abgrund zujagen, wie gehetzte, besinnungslose Tiere.

*

Das Heilmittel ist einfach, einfach und schwierig zugleich. Wir kennen es im Grunde schon und wollen es uns von einer anderen Richtung her nochmals plastisch ausprägen. Am Anfang muss das Eingeständnis stehen, dass die technische Entwicklung nicht automatisch frei macht, bei allem Hilfreichen, was sie mit sich bringt. Wir gewinnen in der Tat zusätzliche Zeit. Diese zerrinnt aber wie Sand in den Händen, wenn wir sie nicht gestaltend ergreifen. Vorstellen und Wollen bleiben scheinfrei, wenn sie ohne Eigenanstrengung sich den technischen Angeboten überlassen. In Wirklichkeit werden sie dann am äußeren Gängelband gelenkt.

Das Heil- und Gegenmittel besteht nun in einem *aktivem Verlangsamen*. Was sonst seelisch durchrauscht – im Willen, der hineinschießt in äußere Aktion, im Vorstellen, das assoziativ oder logisch verknüpfend dahinzuckt –, wird gebändigt und angehalten. Das Mittel ist äußerst unscheinbar, aber hochwirksam, vergleichbar einer homöopathischen Arznei. Ich nehme das überinformierte Vorstellen zurück auf wenige, schlichte Gedanken oder Bilder. Ich nehme das ausladende Wollen in sich zurück und wende es um auf den gewählten inneren Ort jenes Gedankens: «Geistiger wird man durch die innere, willensgemäße Arbeit innerhalb der Gedanken. Daher besteht auch Meditieren darinnen, dass man sich nicht einem beliebigen Gedankenspiel hingibt, sondern dass man wenige, leicht überschaubare, leicht prüfbare Gedanken in den Mittelpunkt seines Bewusstseins rückt, aber mit einem starken Willen diese Gedanken in den Mittelpunkt rückt. Und je stärker, je intensiver dieses innere Willensstrahlen wird in dem Elemente, wo eben die Gedanken sind, desto geistiger werden wir. Wenn wir Gedanken von der äußeren physisch-sinnlichen Welt aufnehmen (...), dann werden wir dadurch, wie Sie leicht einsehen können, unfrei, denn wir werden hingegeben an die Zusammenhänge der äußeren Welt; wir müssen dann so denken, wie es uns die äußere Welt vorschreibt, insofern wir nur den Gedankeninhalt ins Auge fassen; erst in der inneren Verarbeitung werden wir frei.»[50]

Eine einfachste Vorstellung wäre die oben erwähnte anhand der meditativen Formel «Ruhe». Wir können diese Vorstellung fassen, in uns ausbreiten und sie willensmäßig aufladen, bis wir nichts sind als ein weites Sein von «Ruhe». Wir können uns auch das Denkbild «Andacht» oder «Ehrfurcht» vorsetzen und diese wie bei einem chemischen Experiment der Seele aktiv aufrufen. Recht bald schon werden wir eine wichtige Beobachtung machen, was das Zeiterleben betrifft. Auch wenn die Kraft anfangs nur für Minuten hinreicht, wird sich die Empfindung einschleichen, als habe man sehr viel Zeit zugebracht. Die Zeit wird mächtiger. Ein Erleben *erfüllter Zeit* stellt sich auf natürliche Weise ein, nicht unähnlich demjenigen, das man beim hingegebenen Anhören von Musik haben kann. Eine *Zeitverdichtung* hat sich ereignet, während im Fall des gewöhnlichen Umgehens das Gegenphänomen auftritt: Die Zeit scheint weggezurrt, als habe sich ein inneres Loch gebildet, in dem sie verschwunden sei. Das deutsche Wort «Zeitvertreib» bringt diesen Sachverhalt wunderbar bildhaft zum Ausdruck. Wir vertreiben die Zeit, statt sie zu erschaffen!

Peter Handke – die Erleuchtung
der Langsamkeit

Es ist von großem Wert, wenn man Erscheinungen des Kulturlebens anführen kann, um das von der Geisteswissenschaft Dargelegte zu untermauern. Nicht als Beweisgrund – beweisen kann ich das Ganze nur mir selber, in tätigem Nachvollzug –, sondern als Zuspruch und Blick der Bekräftigung. Man atmet gleichsam auf, als würde man in einsamer Landschaft jemandem begegnen, der, auf anderem Weg hergelangt, doch von verwandten Dingen zu erzählen weiß.

In der modernen Literatur gibt es ein bedeutsames Motiv, das man als «Suche nach dem zeitlosen Augenblick» umschreiben könnte, nach der Ewigkeit im Jetzt. Was die Schriftsteller der Gegenwart angeht, findet man das Motiv am eindringlichsten entfaltet bei *Peter Handke*. In seinem Werk spielt es eine maßgebliche Rolle. Es ringt sich in seiner inneren Entwicklung allmählich und mit Konsequenz an die Oberfläche herauf. Da Handke bei seinem Schreiben radikal die Selbstbeobachtung in den Mittelpunkt rückt, sind wir in der Lage, in seine künstlerische Werkstatt zu schauen und seinen inneren Werdegang nachzuvollziehen. Mit den ersten Arbeiten stellt er sich intensiv gegen die Schablonenhaftigkeit der Sprache. Damit feiert er in den sechziger und siebziger Jahren als Mitglied der jungen, aufbegehrenden Generation große Erfolge. Ende der siebziger Jahre kommt es zu einer inneren Krise. In einem Gespräch führt er selber dazu aus: «Als ich 36 Jahre alt war, hatte ich die *Erleuchtung der Langsamkeit*. Die Langsamkeit ist für mich seitdem ein Lebens- und Schreibprinzip.»

Die nach dieser Wende folgenden vier Werke fasst Handke unter dem Titel «Langsame Heimkehr» zusammen, hiermit andeutend, dass er jetzt zu dem ursprünglich in ihm angelegten Ideal durchgestoßen ist.[51] Alles weitere Schaffen steht fortan im Zeichen der Langsamkeit. Vereinfachend lässt sich sagen, dass die Entwicklung des Künstlers in zwei aufeinander bezogenen, aber deutlich unterscheidbaren Phasen erfolgt: Der *Vorbereitung*, die einen freisetzenden, Raum schaffenden Charakter hat; der *Erfüllung*, mit der der zubereitete Raum seinen positiven Gehalt bekommt. Viel sagend ist dabei der Zeitpunkt innerhalb der biographischen Entwicklung, an dem die «Erleuchtung» auftritt. Jeder Mensch kommt, geisteswissenschaftlich gesprochen, erst Mitte der dreißiger Jahre seiner seelischen Formung nach in der Entwicklungshöhe der Gegenwart an. Das Jahrsiebt zwischen 35 und 42 Jahren ist gekennzeichnet durch die Aufgabe, das Seelenglied der *Bewusstseinsseele* hervorzutreiben. Diese zu entfalten stellt zugleich die Notwendigkeit unseres Zeitalters insgesamt dar.

Anders als bei früheren Stufen kann sie nur durch freie Schritte hervorgebracht werden. Denn ihr innerstes Wesen besteht in der Ichtätigkeit. Jemand wie Peter Handke, der auf seine ureigene Weise einen poetischen Schulungsweg beschritten, der mit ungeheuerer Ehrlichkeit um die ihm gemäße Sprache gerungen hat, erfährt folgerichtig in *diesem* Zeitpunkt zu Beginn der zweiten Lebenshälfte das angedeutete Erlebnis, das seine weitere Strebensrichtung bis heute bestimmen sollte. Zur Bewusstsseinsseele gehört wesentlich das anhaltende Verlangsamen, gehört jene Besonnenheit, die aus dem Bemühen um eine selbstbewusste Durchdringung aller seelischen Tätigkeiten erwächst. Handke spricht denn auch, das Seelenglied wunderbar charakterisierend, von der «*Bedachtsamkeit*» – ein Ausdruck, der ihm treffender sogar erscheinen will als «Langsamkeit», weil die Qualität des bewussten Lenkens hier noch stärker anklingt.[52]

Beispielhaft beigebracht, auch zur eigenen inneren Verarbeitung, seien hier einige Stellen aus Handkes Werk, die durchweg den jenem Urerlebnis nachfolgenden Jahren entnommen sind. Sie mögen erlebbar machen, wie der methodische Schlüssel der Verlangsamung sprachlich umgesetzt wird. Auf die Schweigequalität, die hierbei in Betracht kommt, macht der Erzähler beiläufig in seinem Roman *Mein Jahr in der Niemandsbucht* aufmerksam. Dort nennt er die Ruhe «das große Auge», hinweisend auf das Organhafte, Wahrnehmungsoffene eines solchen herausgehobenen Zustands.

An früherer Stelle wird das Geschehen der Zeitverlangsamung genauer aufgegriffen und angedeutet, wie das sinnlich Erscheinende in dem erhöhten Seelenzustand unvermittelt ein anderes Gesicht annimmt. Die Hauptperson, der Lehrer Loser, spricht sich folgendermaßen aus: «Ich hatte jetzt Zeit. Die Gegebenheiten und die Fragen rückten auseinander. Dieses Zeithaben war keine Empfindung, sondern die Lösung: die Lösung aller widersprüchlichen Empfindungen. Es hieß: Ruck und Weiterung; Ungebundenheit und Hinwendung; Entwaffnung und Widerstandskraft; Ruhe und Unternehmungslust. Dass es eintrat, war eine Seltenheit: was üblich ‹im Stand der Gnade› genannt wurde, sollte vielleicht ‹im Stand des Zeithabens› heißen. Es entsprach einer herkömmlichen Umschreibung des Begriffs ‹Schwelle›: als des ‹Übergangs zwischen Entbehrung und Schatz›. Mit dem Zeithaben zog das Rauschen über die Landschaft, die Farben strahlten auf, die Gräser erzitterten, die Moospolster wölbten sich.»

Ein letzter Beleg für dieses Organgeschehen, in dem die Polarisierungen des gewöhnlichen Bewusstseins aufgelöst erscheinen: In dem märchenartigen Roman *Die Abwesenheit* hat Handke an einer Stelle sogar zur lyrischen Form gegriffen, um eine Art Hymnus auf das schöpferische Wesen der Stille vorzutragen. Daraus seien die beiden Schlussstrophen angeführt:

Sei mir noch einmal, was du mir warst, Stille.
Umfang mich, Stille.
Greif mir unter die Achseln, Stille.
Bring mich zum Schweigen, Stille,
und mach mich empfänglich, Stille,
nichts als empfänglich, Stille.
Ich schreie nach dir, Stille.
Über alles: du, Stille!

Stille, du Urquell der Bilder!
Stille, du Großes Bild!
Stille, du Mutter der Phantasie![53]

Eine okkulte Zahlenangabe

Nach dem Vorangegangenen sind wir gerüstet, einer Aussage näherzutreten, die der okkulten Forschung Rudolf Steiners entstammt. Steiner hat nämlich ein Zahlenverhältnis angegeben, in dem Kopf und Herz zueinander stünden. Das Herz brauche drei- bis viermal so lange, ehe das, was im Kopf eilends ergriffen wurde, sich in den langsameren Rhythmus des mittleren Menschen eingeschwungen habe.[54] Was kann genau gemeint sein?

Zunächst ist zu bedenken, dass, wenn Steiner von der Polarität zwischen Herz und Kopf spricht, er das Herz zumeist als Repräsentanten des Gesamtmenschen betrachtet, abgesehen eben vom Kopf. Psychologisch gewendet, haben wir es beim Herzen nicht nur mit dem Gefühlsbereich, sondern im gleichen Maße mit dem Willenselement zu tun. So dass sich in dieser Sicht Vorstellen einerseits, Fühlen und Wollen andererseits als menschenkundliche Grundspannung gegenüberstehen.

Nun kann einen die unbestimmte Zahlenangabe in diesem Zusammenhang merkwürdig berühren. Eine Vermutung, die genauerer Prüfung bedürfte, sei hier ausgesprochen und kurz erläutert. Es mag sein, dass Steiner im Hintergrund eine wohlbekannte mathematische Göße hat, nämlich die Zahl π. Diese inkommensurable Zahl drückt bekanntermaßen das Verhältnis aus zwischen Durchmesser des Kreises und seinem Umfang. Der Umfang ist 3,1415... mal so lang wie der Durchmesser. Hinter dieser harmlos scheinenden Zahl verbirgt sich eines der meistbearbeiteten mathematischen Rätsel, die sog. Quadratur des Kreises, d.h. die Frage, wie Kreis und Quadrat (oder Gerade, als Grundelement des Quadrates) sich zueinander verhalten. Wie sieht jenes Quadrat aus, das exakt den Kreisumfang wiedergibt und umgekehrt?

Nimmt man den Kreis, wie ihn auch die griechisch-pythagoräische Weisheit begriffen hat, als Wahrbild des Kosmisch-Geistigen, die Gerade als symbolisches Zeichen des Irdisch-Räumlichen, so taucht die menschliche Grundfrage in ihrer doppelten Form auf: Wie wird Geistiges in Sinnliches überführt und wie wird Sinnliches in Geistiges verwandelt? Oder zugespitzt auf unsere Problemstellung: Wie können die logisch-kausalen Gedankenformen so von Gefühl und Wille belebt und durchseelt werden, dass sie in die Lage kommen, unmittelbar aus dem Geist geschöpfte Impulse und Ideen in das Erdenbewusstsein aufzunehmen? Das Inkommensurable der Zahl π würde auf die Tatsache verweisen, dass es sich um eine unendliche Entfaltungsperspektive handelt, auf ein in irdischen Verhältnissen Unabschließbares.

Umgekehrt wirft dies auch ein Licht auf die intensive Beschäftigung der Mathematiker mit dem Rätsel der Quadratur. Denn bei einer irrationalen (oder transzendenten) Zahl, deren Berechnung man immer weiter vorantreibt, ist es nicht vornehmlich der Verstand mit seinen endgültigen Lösungen, welcher Befriedigung findet. Es ist der sehnend sich ausspannende, nie nachlassende Erkenntnis*wille*, jenes faustische Streben in die Unendlichkeit hinein, auf das für den Zug nach dem Übersinnlichen nicht verzichtet werden kann.[55]

Von dem mathematischen Bild her mag erneut der Blick frei werden auf Möglichkeiten und Grenzen des Computers. Aus dem Leben Giottos von Vasari ist eine Anekdote überliefert. Der Papst, der im Petersdom neue Wandgemälde anbringen lassen wollte, ließ von verschiedenen Künstlern Zeichnungen erbitten, um dem Besten den Auftrag zu erteilen. Als sein Abgesandter in Giottos Atelier kam, besann sich der Meister kurz, nahm ein Blatt, tauchte seinen Pinsel ein und zeichnete damit einen vollkommenen Kreis, ohne einmal abzusetzen. Er erhielt den Auftrag.

Ein moderner Computer kann dasselbe leisten – die perfekte Kreisfigur. Jedenfalls dem Anschein nach. In Wirklichkeit ist der Entstehungsvorgang ein grundverschiedener. Die Maschine kennt nichts als die elektrischen Impulse Plus (Ja) und Minus (Nein). Sie muss additiv aus einer Unzahl von aneinandergefügten Atomen das Ganze – den Kreis, das Bild, die Darstellung usf. – aufbauen. Sie folgt ausschließlich dem Prinzip der Geraden, des irdisch-beschränkten Bewusstseins, der logischen Polarisierung. Nur durch übergroße Geschwindigkeit entsteht der Eindruck einer synthetischen, aus der Ganzheit erfließenden Bewegung, wo tatsächlich Teile analytisch aufgerechnet werden. Der Computer täuscht also den Kreis vor, den er aus unabsehbar vielen Einzelteilen zusammensetzt.

Was beim Künstler, beim schöpferischen Menschen überhaupt, somit als *intuitive Fähigkeit* auftritt, wie im Fall von Giotto, der aus der konzentrierten Besinnungsgeste in *einem* Schwung das Werk hervorgehen lässt, sucht der Computer nachzuahmen. Aber es gelingt ihm nur eine Nachäffung, die freilich einen so perfekten Schein erzeugt, dass das alltägliche Bewusstsein gerne bereit ist, sich blenden zu lassen.

Auf unsere Frage gewendet, heißt das: Die besonnen gewählte Verlangsamung auf den «ewigen Augenblick» hin – am Bestreben des Sprachkünstlers Handke symptomatisch aufgezeigt – führt zu einem

potentiell schöpferischen Geisteszustand, zur Organ-
bildung, zur Geistempfänglichkeit: «Und mach mich
empfänglich, Stille, / nichts als empfänglich, Stille»!
Durch die empfängliche Stille können intuitiv neue
Einfälle, Verwandlung auslösend, in die Menschheit
hineinströmen.

Um das zu erreichen, müssen wir lernen, systema-
tisch in das langsamere Element des Herzens hinein-
zuarbeiten. Das höchst bedeutsame Grundverhältnis
unserer geistig-seelischen Konstitution, hinter dem
sich wo möglich das Rätsel der Quadratur verbirgt,
wird heute kaum berücksichtigt. Wie gebannt starrt
man auf den «Kopf», und alles, was mit «Herz», «Ge-
müt» zu tun hat, scheint wie ausgegrenzt. Für den
Schulungsweg und besonders für die Frage nach der
Ehrfurchts-Stimmung ist sie aber unumgehbar. Wir
sind angehalten, den seelischen Kraftaufwand um
ein Vielfaches zu erhöhen. Immer weniger kommt
es auf den blitzartig huschenden Gedanken an, immer mehr, den einmal erfassten Bewusstseinsinhalt
zu verlangsamen, ihm innere Dichtigkeit zu verlei-
hen. Vom physisch Eckigen müssen wir zum geistig
Kreishaften, zur elastischen Biegsamkeit aufzusteigen
lernen.[56]

Versucht man das oft genug, entsteht plötzlich wie
von selbst eine «Zündung» im Bereich des Herzens.

Man spürt, dass man in eine tiefere, vollständigere Dimension der Wirklichkeit eingetreten ist, als erhielte der dünne Gedanke auf einmal reales Sein. Und man erfährt es als schmerzhaften Mangel, wenn die Stimmung trotz aller Anstrengung nicht aufkommen will. Man beobachtet, dass sie wie ein Lebenselement der Seele, unverzichtbar ist für das Herankommen an die geistige Wirklichkeit. Das wird zur eigenständig erfahrenen, innerlich wachsenden Gewissheit.

Einseitigkeiten

Wie bei jeder Seelengeste, geht es auch im Fall der Ehrfurcht um ein ständiges Ringen, das auf eine geheime Mitte zielt. Nach der einen Seite kann die Ehrfurcht zur passiven Devotion werden. Man ordnet sich den Beschreibungen und Anweisungen unter, die der Geistesforscher aus seiner haushohen Übermacht einem mitgeteilt hat. Oder man folgt frage- und bedingungslos einem Guru, dem man sich verschrieben hat. Nicht selten kann man unter der Anthroposophie zugewandten Menschen den Satz hören, dies oder jenes habe Rudolf Steiner «uns gegeben»; wir müssten es eben so aufnehmen.

Das ähnelt einer Haltung, die beim Verzehr einer Frucht sich weigern würde, diese durch Kauen zu zerstören und sie dadurch dem eigenen Organismus erst zugänglich zu machen. So innig und ehrlich derartige Empfindungen sind, so wenig entsprechen sie dem, was Rudolf Steiner, der Lehrer der individuellen Freiheit und Selbständigkeit im Urteil, eigentlich beabsichtigte. Sie können nur eine Zwischenstufe bilden. Zum Selberkauen will uns der Lehrer anregen, auf die Gefahr hin, dass auch manche krummen Wege gegangen werden, dass manches schwer Verdauliche durch unseren inneren Leib geht – nicht zum Nachkauen der von ihm vorgefertigten Seelennahrung!

Auf der anderen Seite steht die Abnabelung vom Geist durch das moderne kritische Bewusstsein. Dies findet man gelegentlich bei intellektuell gebildeten Menschen, die an die Anthroposophie (oder eine verwandte Geistesströmung) herantreten. Sie haben es schwer, die Brücke der Andacht und Verehrung überhaupt zu schlagen. Mit ihrem klugen Kopf schotten sie sich von der geistigen Welt ab. Sie zerkauen ohne Scheu die Früchte der geistigen Botschaft, doch gelingt es ihnen nicht, das Aufgenommene in intime seelische Nährkraft umzuschaffen. Die mehr gemüthaften Menschen wiederum betreten die Brücke, drohen aber ihr Eigensein dabei zu verlieren.

Das alles sind natürlich Grenzwerte. Jeder wird im Gang der Selbsterkenntnis bei sich erkunden, wie er in dem Gesamtfeld darinnensteht. Dabei können, je nach inhaltlicher Richtung und Frage, beide Einseitigkeiten im Seelenleben auftreten. Oft wird man eine Hauptneigung feststellen. Von ihr gilt es auszugehen; sie gilt es schrittweise zu verwandeln. Wer mehr auf Seiten der passiven Aufnahme steht, kann versuchen das, was gemüthaft in der Seele lebt, vom Ich aus zu durchdringen. Das dunkel Geahnte, unverstanden Hingenommene wird gedankenhaft aufgelichtet. Wer dem kritischen Pol zuneigt, hat am hellen Gedanken anzusetzen. Er kann ihn aufhalten, verdichten und ihn in geduldiger Seelenarbeit immer stärker in den Gemütsraum einziehen lassen. Bei beiden Tätigkeiten, die aus verschiedenen Richtungen aufeinander zuarbeiten, entsteht zuletzt ein *Zusammenklang* von Herz und Kopf – eine zugleich ichstarke, gedankenhelle und gemütstiefe Andachtsstimmung.

Anknüpfungen

«Sie sind auf dem allerbesten Wege, wenn
Sie die Dinge in Andacht verwandeln. (...)
Meditieren heißt ja: dasjenige, was man
weiß, in Andacht verwandeln, gerade
die einzelnen konkreten Dinge.»[57]

Rudolf Steiner

Andacht und Ehrfurcht vor der höheren Welt sind ursprüngliche Kräfte der Menschenseele. Sie müssen nicht «erfunden» werden. Sie ruhen im Untergrund unseres astralischen Leibes. Den kann man, nach seinem Hauptzug, daher auch «Glaubensseele» nennen, wobei «Glaube» nur ein anderes Wort für die Kräfte von Ehrfurcht und Andacht darstellt.[58] Dass dies so ist, lässt sich an Kindern wahrnehmen. Sie bringen jenen Zug wie ein selbstverständliches Erbe aus der vorgeburtlichen Zeit mit. Allerdings muss er durch eine entsprechende Erziehung gefördert werden. Durch frühe Intellektualisierung, durch die Einflüsse von Fernsehen und Computer wird das heute vielfach abgefangen und umgebogen. Wer als junger Mensch keine entsprechende Förderung erfahren hat, muss später auf bewusstem Weg Anknüpfungen suchen.

Anfangs wird es bei meditativen Bemühungen oft

nicht gelingen, die Ehrfurchtsstimmung unmittelbar aufzurufen. Da mag es hilfreich sein, nach Erlebnissen zu suchen, bei denen man auf natürliche Weise die Erfahrung des Verehrungsvollen schon gemacht hat. In der Erinnerung kann man sich an die begleitende Gefühlsform herantasten und sie von dem Erlebten ablösen. So lernt man, «wie Ehrfurcht geht». Wenn auch das nichts hilft, sollte man Erlebnisse herbeiführen, von denen man annimmt, sie könnten Auslöser der betreffenden Stimmung sein. Hier gilt es, phantasievoll zu sein und die eigenen Seelenneigungen einzuschätzen.

Die Anregung kann bei Naturerlebnissen ansetzen, einer Blume, einem Sonnenaufgang oder Sonnenuntergang, einer herben Bergwelt oder wildbewegten Küstenlandschaft, einem funkelnden Kristall. Sie kann, wenn man Sinn dafür hat, bei Kunstwerken einsetzen – dem farbdurchfluteten Innenraum einer gotischen Kirche, einem innigen Altarbild, einem alten Tempelbau; vielleicht auch einer Orgelfuge von J.S. Bach, in jenem Innenraum ertönend; oder auch bei Werken der modernen Malerei, etwa einem Meditationsbild von Alexej Jawlensky oder der Farbmeditation eines Mark Rothko. Schließlich ist es möglich, sich in geeignete Biographien zu vertiefen, z.B. in die von Heiligengestalten wie *Franz von Assisi* (1181 – 1226) oder *Seraphim von Sarow* (1759 – 1833), dem großen Starzen und Heiligen der russischen Welt. Von dem letzteren stammt übrigens ein bedeutsames Wort über den zweiten Schritt unseres Weges, das Schweigen: «Schweigen ist das Mysterium des kommenden Jahrhunderts, denn Wörter sind die Werkzeuge dieser Welt.»[59]

Das sind lediglich herausgegriffene Möglichkeiten, die jeder nach eigener Selbsterkenntnis und Phantasie für sich neu auffinden und vervielfältigen kann. Immer wird es darum gehen, die gesuchte Stimmung rege zu machen, sie abzulösen und zuletzt den Seelenmuskel so kräftig werden zu lassen, dass man sie ohne Hilfsmittel aufzurufen vermag.

Dem stärkenden Aufschwung der Seele mag auch hier eine einschränkende Geste an die Seite gestellt werden, um das innere Gleichgewicht zu wahren. Wenn ich ein Werk der Geisteswissenschaft studiere oder über einen geisteswissenschaftlichen Inhalt spreche, wird das im Idealfall in der Seelenfärbung der Ehrfurcht geschehen. Dass ich diesen Fall nicht immer herbeiführen kann, scheint selbstverständlich. Hier steht nun ein Mittel bereit, das zunächst über die Negation geht: der Verzicht. Beim Studieren oder beim Sprechen bemerke ich, dass die notwendige Stimmung nicht auftauchen will. Statt den Inhalt auf dem Boden des Tagesbewusstseins weiterzuverfolgen und ihn damit in der falschen Sphäre anzusiedeln, sehe ich willentlich von weiterer Beschäftigung, von weiterem Reden ab. Solcher Verzicht hat kathartische Wirkung: Einen inneren Kraftstau bildend, löst er bei wiederholter Durchführung das angemessene Gefühl aus der Seele los. Bei diesem Vorgehen wirken schweigen können und Verehrungskraft fruchtbar zusammen, wie überhaupt die drei Schritte des Weges als Glieder *eines* Organismus gedacht werden müssen, als Grundkräfte und Tragetugenden des unsichtbaren Tempels, den jeder geistig Strebende in sich zu errichten hat. – Dionysius Areopagita, der Lehrer des esoterischen Christentums, hat in poetisch-religiösen Worten den angedeuteten Zusammenhang im Blick auf die Gotteserkenntnis bekräftigt:

Welche menschlichen Worte, welche menschliche
   Sprache kann ihn beschreiben?
Die einzige Sprache, die keine Grenzen hat,
   in der das Unendliche noch einen Platz hat:
Das Schweigen.
Nicht das düstere Schweigen. Sondern ein Schweigen,
   das Sprache ist.
Ehrfürchtiges Schweigen.
Betendes Schweigen.
Verehrendes Schweigen.[60]

Drei Heilungsvorschläge

«Wer sich selbst fehlt, kann nur dadurch
geheilt werden, dass man ihm sich Selbst
verschreibt.»[61]

Novalis

Drei Schritte haben wir besprochen, ohne die der
moderne rosenkreuzerische Schulungsweg nicht
wirksam und fruchtbar werden kann. In der *Unbefangenheit* wird ein gereinigtes, vom Willen durchzo-
genes Denken betätigt. Am Gegenpol der *Ruhe* wird
umgekehrt ein Wollen erübt, das sich mit besonnener
Denkkraft vereinigt. Zwischen dem willenshaften
Denken und dem denkwachen Wollen liegt die
Ehrfurcht zum Geist als lebendig werdende Kraft des
Fühlens.

Drei *Künste* sind damit angesprochen, drei Kön-
nensweisen der Seele; denn es handelt sich nicht um
Befähigungen, die im Fortgang der Entwicklung auf
naturhaftem Weg entstünden.

Da ist die Kunst des keuschen Sich-Öffnens zur
höheren Welt in der Unbefangenheit. Da ist die
Kunst des Schweigens in der inneren Ruhe. Und da
ist die Kunst des Sich-Stimmens in der Ehrfurcht.

Die Seele bedarf jener Künste, um ein selbstloses

Instrument des Geistes werden zu können. Weil sie abgelesen sind an den wahren Bedürfnissen des Menschen, tragen sie zugleich heilenden Charakter in sich für jene Hemmnisse des gegenwärtigen Zeitalters, von denen wir in der Einleitung sprachen. Innere Ruhe ist das Heilmittel gegen die Rastlosigkeit des modernen Lebens, Unbefangenheit das Mittel gegen die Sucht des bloßen Meinens; und Ehrfurcht erscheint als Arznei gegen die Erkrankung der Selbstabnabelung vom geistigen Urgrund.

Die heilenden Künste bilden aber auch wesentlich mit am Tempel des neuen Menschen. So kann uns Ruhe zum *Grundstein* des individuellen Geisttempels werden; Ehrfurcht zum *Richtstein*, der die Seele rechtmäßig hinlenkt zum höheren Dasein. Unbefangenheit endlich wird uns zum kelchartigen *Lichtstein*, durch den wir die geistigen Kräfte in Reinheit auffangen lernen.

Wer anfängt, auf dem beschriebenen Weg zu üben, dem wird rasch zur Gewissheit, dass der kleinste Schritt die Selbstheilung der erkrankten Menschennatur voranträgt. Und er wird sich zunehmend bewusst, dass dies nicht auf sein kleines Selbst beschränkt bleibt, sondern, dem eigenen höheren Wesen entspringend, sich weltverwandelnd, Welt heilend dem großen Umkreis mitteilt.

Anmerkungen

1 Vgl. die grundlegende Studie zu diesem Thema von Henning Köhler, *Das Rätsel der Angst,* Stuttgart 1992.

2 Stefan Weinfurter, *Heinrich II. (1002 – 1024). Herrscher am Ende der Zeiten,* Darmstadt 1999, S. 85ff.; siehe auch Johannes Fried, Endzeiterwartung um die Jahrtausendwende, in: *Deutsches Archiv* 45, 1989, S. 381-473. Zu Bamberg und dem kulturell-politischen Wirken des Kaisers vgl. den Ausstellungskatalog *Kaiser Heinrich II. (1002 – 1024),* hrsg. von Josef Kirmeier u.a., Stuttgart 2002; zu Bernward s. Hella Krause-Zimmer, *Bernward von Hildesheim und der Impuls Mitteleuropas,* Stuttgart 1984.

3 Novalis, *Die Christenheit oder Europa,* in: Novalis, *Schriften,* hrsg. von Hans-Joachim Mähl und Gerhard Schulz, Bd. III, Stuttgart 1968, S. 518; künftig zitiert nach Bandzahl (römisch), Seitenzahl (arabisch) und Nummer (arabische Zahl in Klammern).

4 Rudolf Steiner, *Wege zu einem neuen Baustil,* GA 286 (= Gesamtausgabe Bibliographie-Nummer 286), Dornach 1982, Vortrag vom 7.3.1914, S. 110; s. Apk. 20.

5 Rudolf Steiner, *Wie erlangt man Erkenntnisse der höheren Welten?,* GA 10, Dornach 1992, S. 16.

6 Siehe *Schriften* III, 253 (76)

7 Eine Ausnahme in dieser Hinsicht bilden die Schriften von Jörgen Smit (1916 – 1991), dessen beispielhaftem

Wirken ich tiefe Anregung verdanke; vgl. z.B. die intim-kraftvolle Darstellung in seinem Büchlein *Meditation und Christuserfahrung*, Stuttgart 1991.

8 Rudolf Steiner, *Geisteswissenschaftliche Behandlung sozialer und pädagogischer Fragen*, GA 192, Dornach 1991, 8.9.1919, S. 353. Vom «Dogma der Erfahrung» handelt Steiner in: *Grundlinien einer Erkenntnistheorie der Goetheschen Weltanschauung*, GA 2, Dornach 1979, S. 83.

9 Vgl. Otto Eduard Schmidt, *Drei Brüder Carlowitz*, Leipzig 1933.

10 Vgl. Wilhelm von Humboldt, *Ideen zu einem Versuch, die Grenzen der Wirksamkeit des Staats zu bestimmen* (1792), Stuttgart 1962.

11 Joachim Radkau, *Das Zeitalter der Nervosität. Deutschland zwischen Bismarck und Hitler*, München 1998.

12 Zit. nach ebd., S. 243; s. a. Eugen Diesel, *Diesel. Der Mensch – das Werk – das Schicksal*, München 1983, S. 141ff., 150, 257, 362f.

13 Rudolf Steiner, *Die Philosophie der Freiheit.* Grundzüge einer modernen Weltanschauung. Seelische Beobachtungsresultate nach naturwissenschaftlicher Methode, GA 4, Dornach 1996, S. 162.

14 Rudolf Steiner, Nervosität und Ichheit, in: *Erfahrungen des Übersinnlichen*, GA 143, Dornach 1994, 11.1.1912, S. 9ff. Radkau hat in seiner gründlichen Studie den Vortrag seiner Bibliographie eingefügt (s. wie Anm. 11, S. 547). Allerdings geht er, soweit ich sehe, nicht auf Steiners Ansatz ein.

15 Johann Wolfgang Goethe, *Maximen und Reflexionen*, Hamburger Ausgabe Bd. 12, München 1981, S. 529.

16 Rudolf Steiner, GA 10, (wie Anm. 5), S. 8.

17 Novalis, *Schriften* II, 582f. (246 und 248)

18 Rudolf Steiner, *Vorstufen zum Mysterium von Golgatha*, GA 152, Dornach 1990, 18.5.1913, S. 52.

19 Rudolf Steiner, *Die Geheimwissenschaft im Umriß*, GA 13, Dornach 1989, S. 335.

20 Vgl. Rudolf Steiner, GA 10 (wie Anm. 5), S. 127ff.; GA 13 (wie Anm. 19), S. 329ff; *Seelenübungen* I, GA 267, Dornach 1997, S. 55ff.

21 Peter Handke, *Am Felsfenster morgens*, Salzburg 1998, S. 9.

22 Rudolf Steiner, *Aus den Inhalten der esoterischen Stunden*, Bd. I, GA 266/1, Dornach 1995, 8.2.1904, S. 25f. Zum Mithraskult und der Einweihungsstufe des Raben s. Alfred Schütze, *Mithras-Mysterien und Urchristentum*, Stuttgart 1972, S. 104ff.; Reinhard Merkelbach, *Mithras. Ein persisch-römischer Mysterienkult*, S. 86ff.

23 Im Jahr 2002 wurde der Öffentlichkeit die sog. Sternenscheibe von Nebra vorgestellt. Es handelt sich um eine Bronzescheibe offenbar kultischer Verwendung, auf der u.a. Sonne und Mond, die Pleiaden sowie verstreute Sterne erkennbar sind. Sie wurde in Thüringen gefunden, nicht weit vom Kyffhäuser entfernt, und stammt, folgt man der wissenschaftlichen Datierung, aus der Mitte des zweiten vorchristlichen Jahrtausends. Zum ersten Mal ist damit ein eindeutiger Befund für astronomische Kenntnisse innerhalb einer schriftlosen Kultur gegeben. Ergänzt wird das Bild durch die magischen Zwecken dienenden Kulthüte aus Gold, welche nach neuesten Forschungen in ihrer außerordentlich komplexen Form und Oberflächengestaltung astronomisch-kalendarische Bezüge widerspiegeln. Siehe dazu Mathias Schulz, Der Sternenkult der Urgermanen, in: *Der Spiegel* Nr. 48, 25.11.2002, S. 192ff.; Wilfried Menghin, Der

Berliner Goldhut, in: *Gold. Magie, Mythos, Macht,* hrsg. von Ludwig Wamser und Rupert Gerhard, Stuttgart/ München 2001, S. 56ff.

24 Cyrill von Korvin-Krasinski, Die Schöpfung als «Tempel» und «Reich» des Gottmenschen Christus, in: *Trina Mundi Machina. Die Signatur des alten Eurasien,* Mai 1986, S. 376.
Frank Teichmann hat sich als Lebensaufgabe gestellt, diese Entwicklung unter geisteswissenschaftlichem Blickpunkt herauszuarbeiten; vgl. die unter dem Reihentitel *Der Mensch und sein Tempel* erschienenen Bände zu Ägypten, Griechenland, der Megalithkultur und zu Chartres.

25 Siehe Rudolf Steiner, *Wege zu einem neuen Baustil,* GA 286, Dornach 1982, 12.10.1911, S. 21.

26 Siehe Joh. 2, 19

27 Rudolf Steiner, *Die Erkenntnis der Seele und des Geistes,* GA 56, Dornach 1965, 23.1.1908, S. 187; *Wege zu einem neuen Baustil,* GA 286, Dornach 1982, 12.10.1911, S. 24.

28 Novalis, *Schriften* III, 659 (579)

29 Vgl. Andreas Neider, Nachwort, in: Rudolf Steiner, *Innere Ruhe,* Stuttgart 2000, S. 93ff.; vgl. auch: *Das Schweigen und die Religionen,* hrsg. von R. Sesterhenn, München 1983. Einen Überblick über die Geschichte des Schweigebegriffs geben G. Wohlfahrt / J. Kreuzer, Art. Schweigen, Stille, in: *Historisches Wörterbuch der Philosophie,* Basel 1992, Bd. 8, Spalte 1483ff.

30 Rudolf Steiner, GA 266/1 (wie Anm. 22), S. 240. Als «rosenkreuzerisch» wird im Sinne der Geisteswissenschaft ein Weg bezeichnet, der mit den Bewusstseinsbedingungen rechnet, wie sie sich aus der Entfaltung des naturwissenschaftlichen Weltbildes seit Beginn der Neuzeit ergeben. In der Gestalt des *Christian Rosen-*

kreutz (1378-1486) sieht man den Eingeweihten, der, in der äußeren Geschichte nicht nachweisbar, hinter diesem schwierigen Prozess als maßgeblicher Inspirator steht.

31 Rudolf Steiner, *Anweisungen für eine esoterische Schulung*, GA 245, Dornach 1979, S. 80; jetzt auch aufgenommen in: *Mantrische Sprüche. Seelenübungen* Bd. II, Dornach 1999, S. 179.

32 Rudolf Steiner, *Geistige Hierarchien und ihre Widerspiegelung in der physischen Welt*, GA 110, Dornach 1991,12.4.1909, S. 32. Zur kosmischen Entwicklung der Erde grundlegend s. GA 13 (wie Anm. 19).

33 Novalis, *Schriften* II, 608 (392); III, 440 (897).

34 Diesels Grundgedanken sind ausführlich erläutert in E. Diesel, *Rudolf Diesel*, Stuttgart 1948, S. 93ff.

35 Dazu ausführlich Rudolf Steiner, *Geisteswissenschaftliche Impulse zur Entwicklung der Physik* («Wärmekurs»), GA 321, Dornach 1982, 11.3.1920, S. 166ff.

36 Wer sich ausführlicher mit diesem Zukunftsbild befassen möchte, sei auf die wesentlichen Ausführungen Rudolf Steiners aufmerksam gemacht, in deren Titel mit dem Wort «Brücke» auf die Weltbedeutung der Wärme gewiesen ist: *Die Brücke zwischen der Weltgeistigkeit und dem Physischen des Menschen*, GA 202, Dornach 1993, 17.-19.12.1920, S. 164ff.

37 Siehe *Die Geheimwissenschaft im Umriß* (wie Anm. 19), S. 359f.

38 Zit. nach Neider (wie Anm. 29), S. 93.

39 Novalis, *Schriften* III, 429 (820); II, 646 (486).

40 GA 10 (wie Anm. 5), S. 32.

41 Rudolf Steiner, GA 10 (wie Anm. 5).

42 Hermann Friedmann, *Sinnvolle Odyssee*, München 1950, S. 174.

43 Rudolf Steiner, GA 266/1 (wie Anm. 22), 21.2.1904, S. 41f.; vgl. auch S. 26f.

44 Merkelbach, *Mithras* (wie Anm. 22), S. 88ff; vgl. auch Schütze, *Mithras-Mysterien* (wie Anm. 22), S. 105f.

45 Rudolf Steiner, *Zur Geschichte und aus den Inhalten der ersten Abteilung der Esoterischen Schule,* GA 264, Dornach 1984, Esoterische Stunde vom 7.1.1908, S. 196.

46 Zit. nach Gero von Wilpert, *Goethe-Lexikon,* Stuttgart 1998, S. 254.

47 GA 10 (wie Anm. 5), S. 19/20. Einige weiterführende Aspekte von Ehrfurcht und Demut habe ich behandelt in: *Die Tugenden im Jahreskreislauf,* hrsg. von Jean-Claude Lin, Stuttgart 1998, S. 62ff.

48 Vgl. Gunther Hildebrandt, Zeiterleben und Zeitorganismus des Menschen, in: *Was ist Zeit?,* hrsg. von Georg Kniebe, Stuttgart 1993, S. 163-197.

49 Zu dem Gesamtzusammenhang siehe die interessante Studie von Edwin Hübner, *Mit Computern leben,* Stuttgart 2001.

50 Rudolf Steiner, GA 202 (wie Anm. 36), 19.12.1920, S. 201.

51 Georg Pichler, *Die Beschreibung des Glücks. Peter Handke, eine Biographie,* Wien 2002, S. 129. Das Interview stammt von 1987. Die drei Werke außer der Erzählung *Langsame Heimkehr* (1979) sind: *Die Lehre der Sainte-Victoire* (1980), *Kindergeschichte* (1981) und das dramatische Gedicht *Über die Dörfer* (1982); vgl. Pichler, S. 137.

52 Grundlegend zur Stellung dieses Gliedes als «Seele in der Seele» innerhalb der Gesamtwesenheit des Menschen siehe Rudolf Steiner, *Theosophie,* GA 9, Dornach 1995, S. 67ff. Hier wird die Bewegung der Bewusstseins-

seele als in sich tätige «Selbstbesinnung» herausgestellt, was der fortwährend zu übenden «Bedachtsamkeit» bei Handke nahekommt.

Zur Entsprechung zwischen Lebensaltern, die von Jahrsiebt zu Jahrsiebt fortschreiten, und den zugehörigen Seelengliedern vgl. Rudolf Treichler, *Die Entwicklung der Seele im Lebenslauf*, Stuttgart 1981, S. 61ff.

Auch das Tastende, Vorläufige, Experimentelle bei Handke gewinnt Licht aus diesem Zusammenhang. Die Bewusstseinsseele stellt das vorläufig Höchste, aber zugleich Jüngste, Unfertigste im menschlichen Seelengefüge dar. Habe ich sie in einem derartigen Urerlebnis einmal ergriffen, bin ich von ihrer Wirklichkeit fortan zutiefst durchdrungen. Gleichzeitig aber ist noch ein mühseliger, langdauernder Entwicklungsweg abzuschreiten, ehe das Erfasste aktuelle, bleibende Verwirklichung werden, ehe die neue Seele ihren «Leib» ganz ausgebildet hat.

Schließlich verstehen wir auch genauer, warum sich an der öffentlichen Person Handke, was die literarische Kritik seiner Bücher angeht, derart die Geister scheiden, endgültig seit seiner Wende in der Lebensmitte. Wir können dies geradezu als symbolisches Bild für den Stand unserer Selbsterkenntnis nehmen: Entweder wir verharren in alten Seelenlagen. Dann sind wir nicht genötigt, uns innerlich aufzuraffen. Wir können uns in dem Sessel gewohnter Vorstellungen bequem zurücklehnen und eifersüchtig darüber wachen, dass auch andere nicht in Tätigkeit kommen. Dann halten wir uns an die Vielen. Oder wir suchen uns innerlich zu ergreifen, jeder an der Stelle, die ihm möglich ist. Wir spüren dann eine gewaltige Freiheitsluft, einen kosmisch großen Raum, in den wir unbegrenzt hineinwachsen können. Wir spüren, dass, ungeachtet allen Anlaufnehmens und Zurückfallens, aller Niederlagen und Ohnmachten, eine Ewigkeit des Aufsteigens vor uns liegt.

53 Peter Handke, *Mein Jahr in der Niemandsbucht*, Frankfurt am Main 1995, S. 75; *Der Chinese des Schmerzes*, Frankfurt am Main 1986, S. 39f.; *Die Abwesenheit*, Frankfurt am Main 1987, S. 176.

54 Vgl. Rudolf Steiner, *Erdensterben und Weltenleben*, GA 181, Dornach 1991, 26.3.1918, S. 134f.

55 Vgl. Ernst Bindel, *Die Grundlagen der Mathematik im Lichte der Anthroposophie*, Stuttgart 1928, S. 60ff.; vgl. auch die interessanten Ausführungen zur mathematischen Symbolik bei Steiners esoterischer Schülerin Mathilde Scholl, in: Ekkehard Meffert, *Mathilde Scholl*, Dornach 1991, S. 520ff. Dort auch Ausführungen zu π; sie wird als die «Zahl unserer Menschwerdung auf der Erde und die Zahl der Gottwerdung in die Geistwelt» hinein charakterisiert (S. 528).

56 Dass bei einem solchen Vorgehen auch die physiologischen Tatbestände offenbar einer Änderung unterworfen sind, darf uns nicht wundern. Sie bezeugt die Wirkmächtigkeit und Durchschlagskraft der geistig-seelischen Organisation des Menschen auf seine leibliche Natur. So hat man herausgefunden, dass bei jedem Meditieren eine nachweisliche Verlangsamung der Gehirnströme eintritt. Die sogenannten Alpha-Wellen, welche dabei auftauchen, ähneln denjenigen, die den Schlaf begleiten, nur eben im Zustand einer erhöhten Wachsamkeit und Konzentration. Vgl. Klaus Engel, *Meditation. Geschichte, Symbolik, Forschung, Theorie*, Frankfurt am Main 1995, S. 180ff.

57 Rudolf Steiner, *Die Erkenntnis-Aufgabe der Jugend*, GA 217a, Dornach 1981, 17.6.1924, S. 170.

58 Rudolf Steiner, *Das esoterische Christentum und die geistige Führung der Menschheit*, GA 130, Dornach 1987, 2.12.1911, S. 174.

59 Margarita Woloschina u.a., *Der letzte Heilige. Seraphim von Sarow und die russische Religiosität*, Stuttgart 1994, S. 147. Über den mittelalterlichen Heiligen s. Rudolf Meyer, *Franziskus von Assisi*, Stuttgart 1956; zu Rothko s. den Katalog der Ausstellung «Mark Rothko», Basel 2001. Dass es in Rothkos Absicht lag, ein künstlerisch-religiöses Farberleben zu ermöglichen, bei dem die Andachtskräfte einbezogen sein sollten, zeigt folgende Äußerung: «Es wäre schön, wenn man überall im Lande Orte einrichten könnte, ähnlich kleinen Kapellen, in denen ein Reisender oder Wanderer eine Zeit lang über ein einziges, in einem kleinen Raum hängendes Bild meditieren könnte.» (ebd. S. 27) Genannt zur eigenen Weiterbeschäftigung seien schließlich die von einer feinen Ehrfurchtshaltung durchzogenen Darstellungen Walter Niggs, z.B. *Große Heilige*, Zürich 1986, oder *Heilige und Dichter*, Zürich 1991.

60 Dionysius Areopagita, *Ich schaute Gott im Schweigen. Mystische Texte der Gotteserfahrung*, Freiburg 1985, S. 47.

61 Novalis, *Schriften* II, 666 (3).

Wege der Seele – Bilder des Lebens

Verlag Freies Geistesleben

Wege der Seele – Bilder des Lebens

Verlag Freies Geistesleben